Impressum
Verlag: BABADADA GmbH, Nedderfeld 112 , 22529 Hamburg
Geschäftsführer / Verlagsleitung: Harald Hof
Druck: Books on Demand GmbH, In de Tarpen 42, 22848 Norderstedt

Imprint
Publisher: BABADADA GmbH, Nedderfeld 112 , 22529 Hamburg, Germany
Managing Director / Publishing direction: Harald Hof
Print: Books on Demand GmbH, In de Tarpen 42, 22848 Norderstedt

School

el colegio

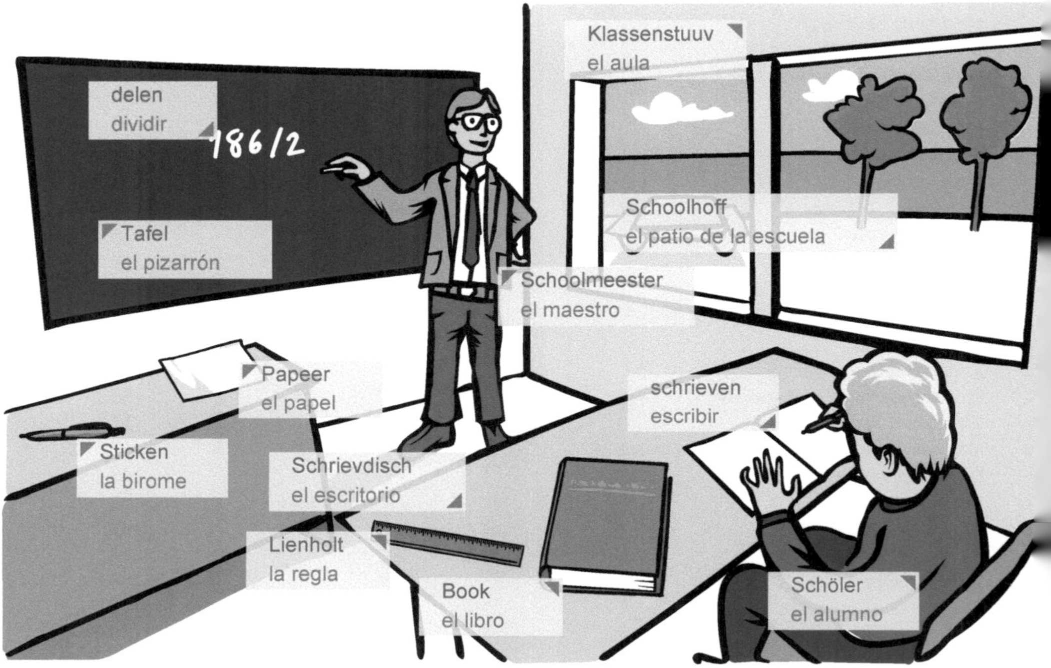
Klassenstuuv
el aula
delen
dividir
186/2
Tafel
el pizarrón
Schoolhoff
el patio de la escuela
Schoolmeester
el maestro
Papeer
el papel
schrieven
escribir
Sticken
la birome
Schrievdisch
el escritorio
Lienholt
la regla
Book
el libro
Schöler
el alumno

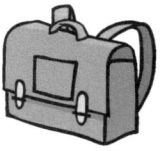

Ranzel

la mochila

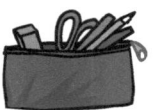

Feddermapp

la caja de lápices

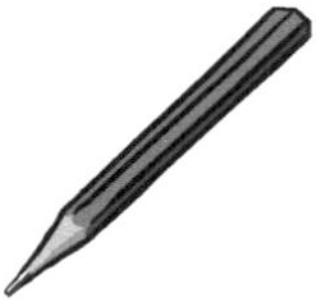

Bleesticken

el lápiz

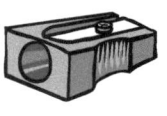

Scharpmaker

el sacapuntas

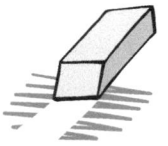

Radeergummi

la goma (de borrar)

Tekenblock

el bloc de dibujo

Teken

el dibujo

Pinsel

el pincel

Malkassen

la caja de pinturas

Scheer

la tijera

Klever

el pegamento

Heft to'n Öven

el cuaderno de ejercicios

Huusopgaav

la tarea

Tall

el número

tohooptellen

sumar

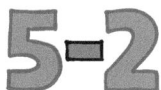

aftrecken

restar

malnehmen

multiplicar

reken

calcular

Bookstaav

la letra

ABC

el abecedario

Woort

la palabra

Text
el texto

lesen
leer

Kried
la tiza

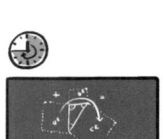

Stunn
la lección

Klassenbook
el cuaderno de clase

Pröven
el examen

Tüügnis
el certificado

Schooluniform
el uniforme escolar

Utbillen
la educación

Nakieksel
la enciclopedia

Universität
la universidad

Mikroskop
el microscopio

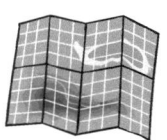

Koort
el mapa

Papeerkorf
el tacho (de basura)

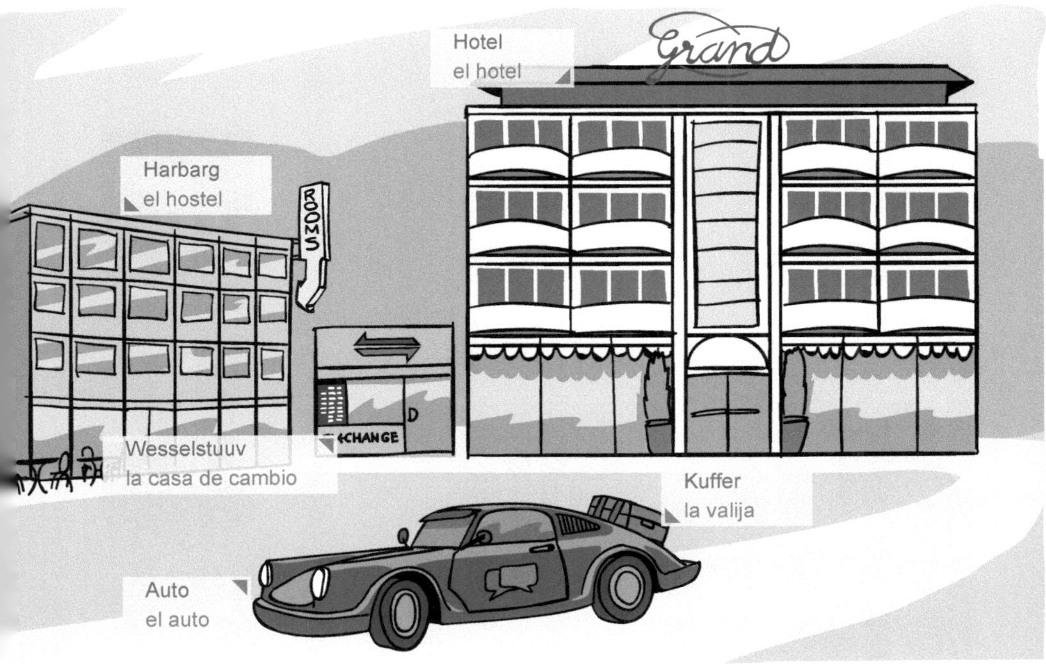

Hotel
el hotel
Grand
Harbarg
el hostel
ROOMS
Wesselstuuv
la casa de cambio
EXCHANGE
Kuffer
la valija
Auto
el auto

Spraak
el idioma

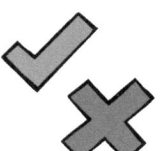

jo / ne
sí / no

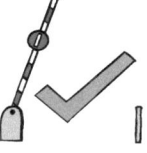

Jo
Está bien

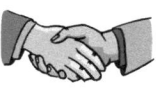

Moin
hola

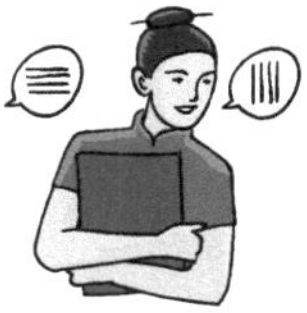

Översetter
el traductor

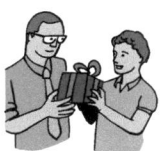

Dank ok
Gracias

Wat kost…?

¿cuánto cuesta…?

Ik verstah nich

No entiendo

Problem

el problema

Goden Avend

¡Buenas tardes!

Moin!

¡Buenos días!

Gode Nacht!

¡Buenas noches!

Tschüüs

el adiós

Richt

la dirección

Bagaasch

el equipaje

Tasch

el bolso

Rüchsack

la mochila

Gast

el invitado

Stuuv

la habitación

Slaapsack

la bolsa de dormir

Telt

la carpa

Törn - el viaje

Touristeninformatschoon

la información turística

Strand

la playa

Kreditkoort

la tarjeta de crédito

Fröhstück

el desayuno

Meddageten

el almuerzo

Avendeten

la cena

Fohrkort

el pasaje

Fohrstohl

el ascensor

Breefmark

el sello

Grenz

la frontera

Toll

la aduana

Bottschop

la embajada

Visum

la visa

Pass

el pasaporte

Transport
el transporte

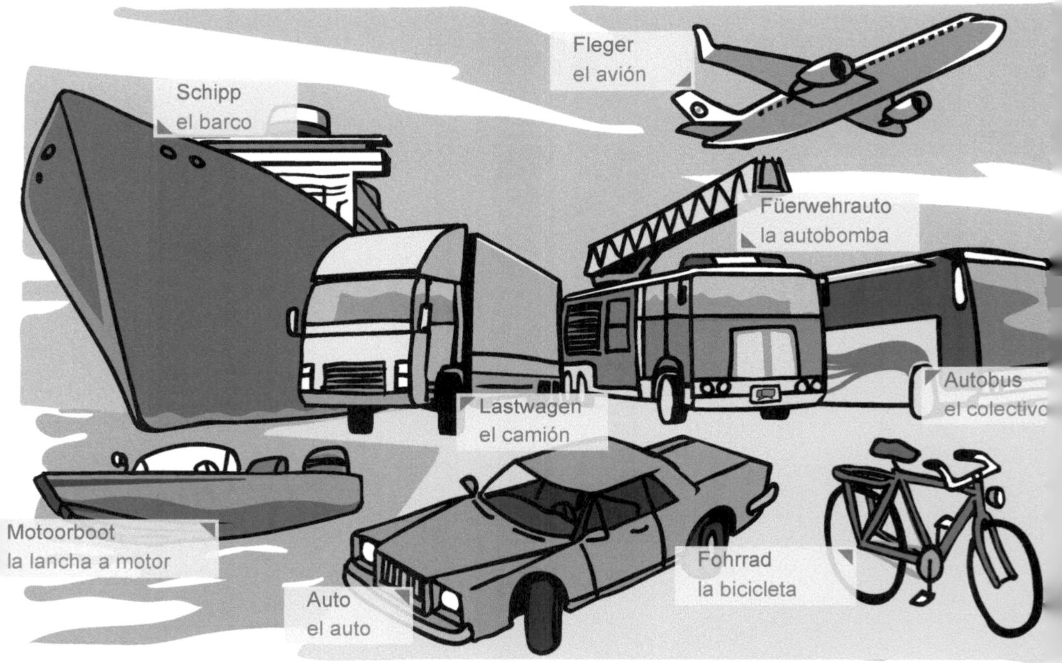

Fleger
el avión

Schipp
el barco

Füerwehrauto
la autobomba

Autobus
el colectivo

Lastwagen
el camión

Motoorboot
la lancha a motor

Fohrrad
la bicicleta

Auto
el auto

Fähr

el ferry

Boot

el bote

Motoorrad

la moto

Polizeiauto

el patrullero

Rönnauto

el auto de carreras

Lehnwagen

el auto de alquiler

Carsharing

el alquiler de autos

Afsleepwagen

la grúa

Müllauto

el camión de la basura

Motoor

el motor

Kraftstoff

la nafta

Tanksteed

la estación de servicio

Verkehrsschild

la señal de tránsito

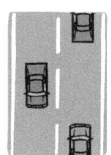

Verkehr

el tránsito

Stau

el embotellamiento

Afstellplatz

el estacionamiento

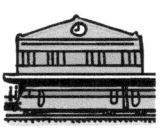

Bahnhoff

la estación de tren

Sporen

las vías

Tog

el tren

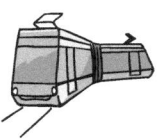

Stratenbahn

el tranvía

Wagon

el vagón

Dwarsmöhl

el helicóptero

Flooghaven

el aeropuerto

Tower

la torre

Fohrgast

el pasajero

Grootkist

el contenedor

Karton

la caja de cartón

Koor

la carretilla

Korf

la canasta

starten / lannen

despegar / aterrizar

Stadt
la ciudad

Dörp

el pueblo

Binnenstadt

el centro de la ciudad

Huus

la casa

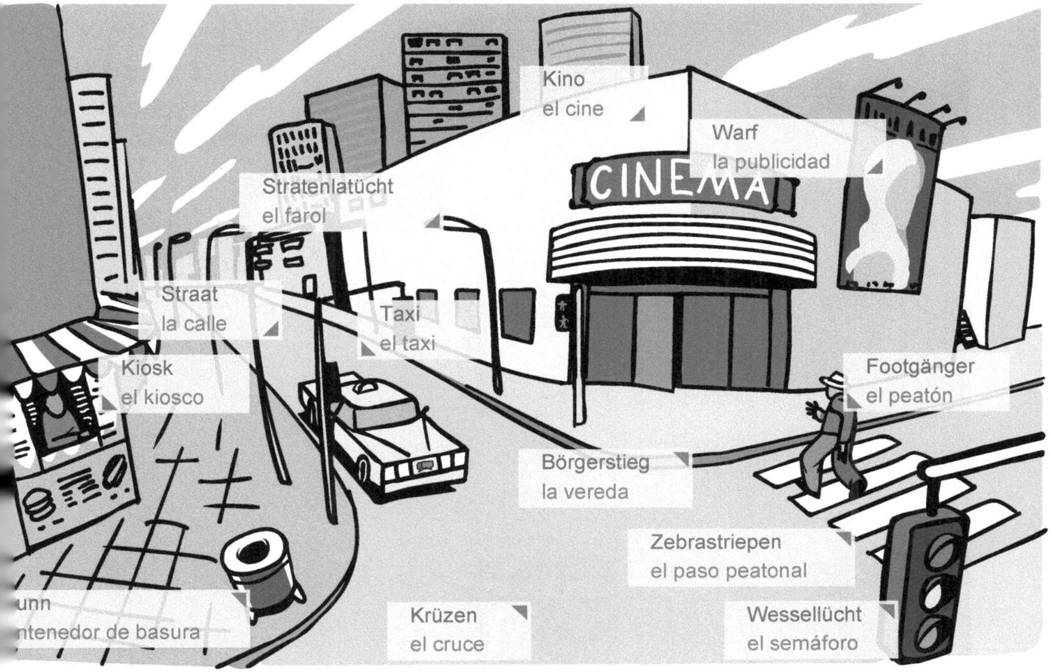

Kino
el cine

Warf
la publicidad

Stratenlatücht
el farol

CINEMA

Straat
la calle

Taxi
el taxi

Footgänger
el peatón

Kiosk
el kiosco

Börgerstieg
la vereda

Zebrastriepen
el paso peatonal

unn
ntenedor de basura

Krüzen
el cruce

Wessellücht
el semáforo

Hütt
la cabaña

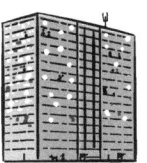

Wahnung
el departamento

Bahnhoff
la estación de tren

Raathuus
la municipalidad

Museum
el museo

School
el colegio

Universität

la universidad

Bank

el banco

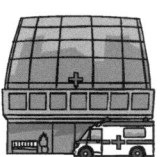

Krankenhuus

el hospital

Hotel

el hotel

Afteek

la farmacia

Büro

la oficina

Bookhökerie

la librería

Hökerie

el negocio

Blomenhökerie

la florería

Supermarkt

el supermercado

Markt

el mercado

Koophuus

las grandes tiendas

Fischhökerie

la pescadería

Inkoopszentrum

el centro comercial

Haven

el puerto

Parkanlaag

el parque

Bank

el banco

Brüch

el puente

Trepp

las escaleras

Ünnergrundbahn

el subte

Tunnel

el túnel

Busstoppsteed

a parada del colectivo

Bar

el bar

Spieslokal

el restaurante

Breefkassen

el buzón

Stratenschild

el letrero

Parkklock

el parquímetro

Deertenpark

el zoológico

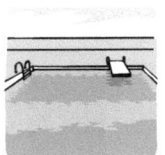

Baadanstalt

la pileta

Moschee

la mezquita

Buernhoff

la granja

Ümweltversmudden

la contaminación

Karkhoff

el cementerio

Kark

la iglesia

Speelplatz

los juegos infantiles

Tempel

el templo

Landschop
el paisaje

Blatt
la hoja

Wiespahl
el poste indicador

Weg
el camino

Wisch
la pradera

Steen
la piedra

Boom
el árbol

Wannerer
el excursionista

Fluss
el río

Gras
la hierba

Bloom
la flor

Daal

el valle

Barg

la montaña

See

el lago

Holt

el bosque

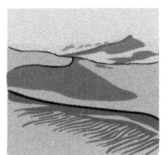

Wööst

el desierto

Füerspien Barg

el volcán

Slott

el castillo

Regenbagen

el arco iris

Poggenstohl

el champiñón

Palm

la palmera

Steekmück

el mosquito

Fleeg

la mosca

Miegeemk

la hormiga

Imm

la abeja

Spinn

la araña

Sebber

el escarabajo

Pogg

la rana

Katteker

la ardilla

Swienegel

el erizo

Haas

la liebre

Uul

la lechuza

Vagel

el pájaro

Swaan

el cisne

Wildswien

el jabalí

Hirsch

el ciervo

Elk

el alce

Staudamm

la presa

Windrad

el aerogenerador

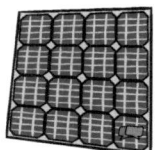

Solarmodul

el panel solar

Klima

el clima

Spieslokal

el restaurante

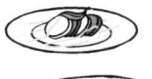

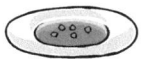

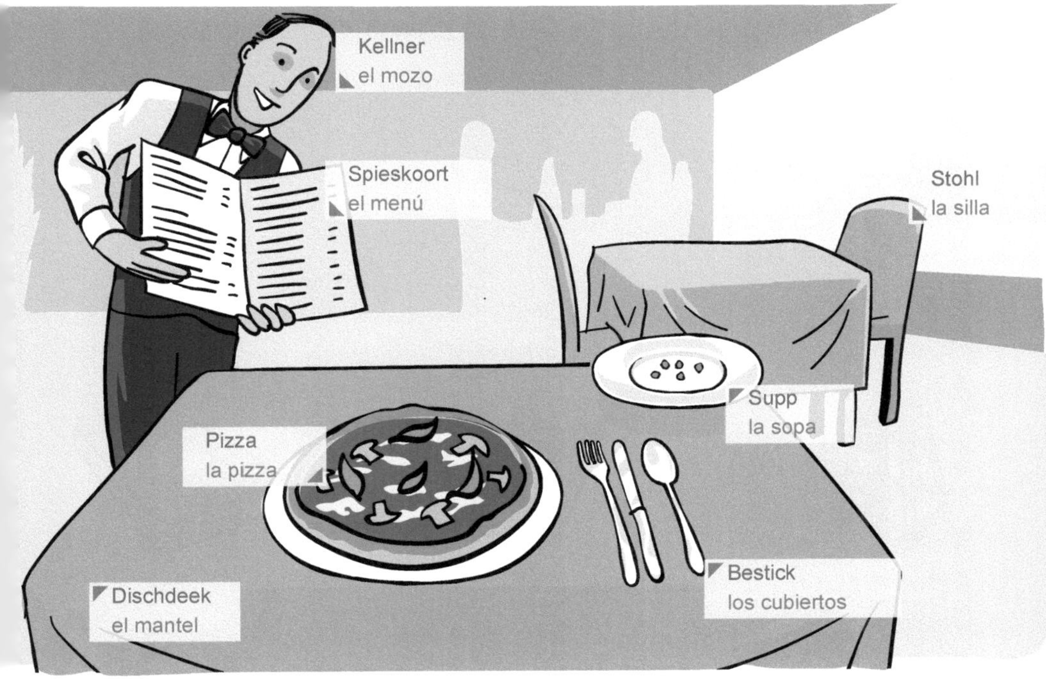
Kellner
el mozo
Spieskoort
el menú
Stohl
la silla
Supp
la sopa
Pizza
la pizza
Bestick
los cubiertos
Dischdeek
el mantel

Vörspies

la entrada

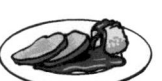

Haupteten

el plato principal

Nadisch

el postre

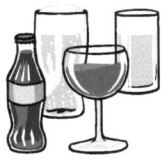

Drünk

las bebidas

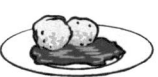

Eten

la comida

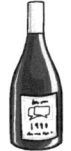

Buddel

la botella

Fastfood

la comida rápida

Strateneten

la comida callejera

Teekann

la tetera

Zuckerdoos

la azucarera

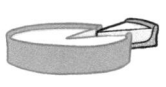

Portschoon

la porción

Espressomaschien

la cafetera expreso

Hoochstohl

la sillita alta

Reken

la cuenta

Tablett

la bandeja

Mess

el cuchillo

Gavel

el tenedor

Lepel

la cuchara

Teelepel

la cucharita

Munddook

la servilleta

Glas

el vaso

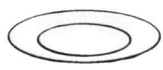

Töller

el plato

Suppentöller

el plato hondo

Ünnertass

el plato

Sooß

la salsa

Soltstreuer

el salero

Pepermöhl

el molinillo de pimienta

Etig

el vinagre

Ööl

el aceite

Krüder

las especias

Ketchup

el kétchup

Mostrich

la mostaza

Mayonnaise

la mayonesa

Supermarkt

el supermercado

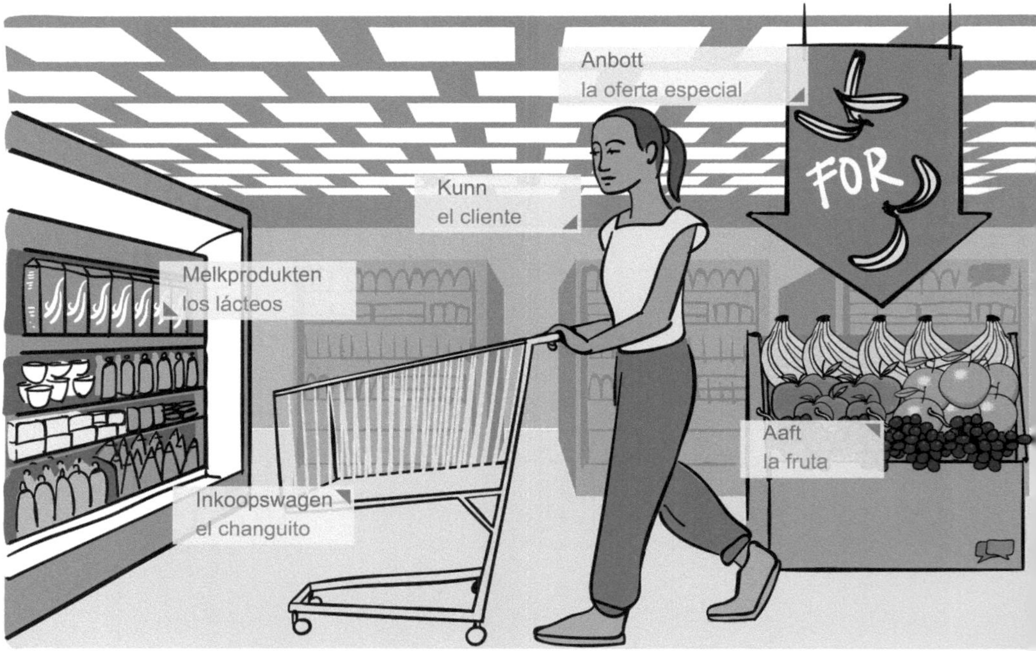

Anbott
la oferta especial
FOR
Kunn
el cliente
Melkprodukten
los lácteos
Aaft
la fruta
Inkoopswagen
el changuito

BUTCHERS

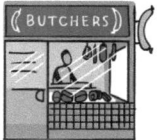

Slachterie

la carnicería

BAKERY

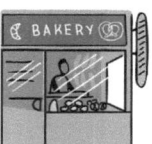

Bäckerie

la panadería

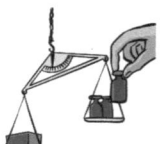

wegen

pesar

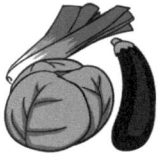

Gröönsaken

las verduras

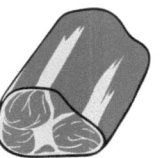

Fleesch

la carne

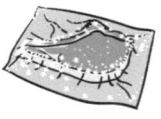

Deepköhlkost

los alimentos congelados

Opsnitt

los fiambres

Konserven

los alimentos enlatados

Waschmiddel

el detergente en polvo

Snoopkraam

las golosinas

Huushooltssaken

los electrodomésticos

Reinmaaktüüch

los productos de limpieza

Verköpersche

la vendedora

Kass

la caja

Kasserer

el cajero

Inkoopslist

la lista de compras

Opsparrtieden

el horario de atención

Breeftasch

la billetera

Kreditkoort

la tarjeta de crédito

Tasch

la cartera

Plastiktüüt

la bolsa de plástico

las bebidas

Water
....
el agua

Saft
....
el jugo

Melk
....
la leche

Cola
....
la bebida cola

Wien
....
el vino

Beer
....
la cerveza

Spriet
....
el alcohol

Kakao
....
el cacao

Tee
....
el té

Koffie
....
el café

Espresso
....
el café expreso

Cappucino
....
el cappuccino

Banaan

la banana

Appel

la manzana

Appelsien

la naranja

Meloon

el melón

Zitroon

el limón

Wöttel

la zanahoria

Knuuvlook

el ajo

Bambus

el bambú

Zibbel

la cebolla

Poggenstohl

el champiñón

Nööt

las nueces

Nudeln

los fideos

Spaghetti

los tallarines

Ries

el arroz

Salat

la ensalada

Pommes frites

las papas fritas

Braadkantüffeln

las papas fritas

Pizza

la pizza

Hamborger

la hamburguesa

Sandwich

el sándwich

Snitzel

el churrasco

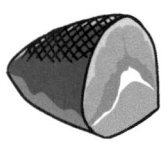

Schinken

el jamón

Salami

el salame

Wust

la salchicha

Hohn

el pollo

Braden

el asado

Fisch

el pescado

Haverflocken

los copos de avena

Müsli

el muesli

Cornflakes

los copos de maíz

Mehl

la harina

Croissant

la medialuna

Rundstück

el pancito

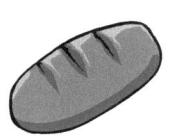

Broot

el pan

Toast

la tostada

Keksen

las galletitas

Botter

la manteca

Quark

la cuajada

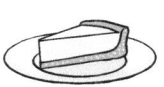

Koken

la torta

Ei

el huevo

Spegelei

el huevo frito

Kees

el queso

Ies
el helado

Zucker
el azúcar

Honnig
la miel

Marmelaad
la mermelada

Nougat-Creme
la pasta de chocolate

Curry
el curry

Buernhoff
la granja

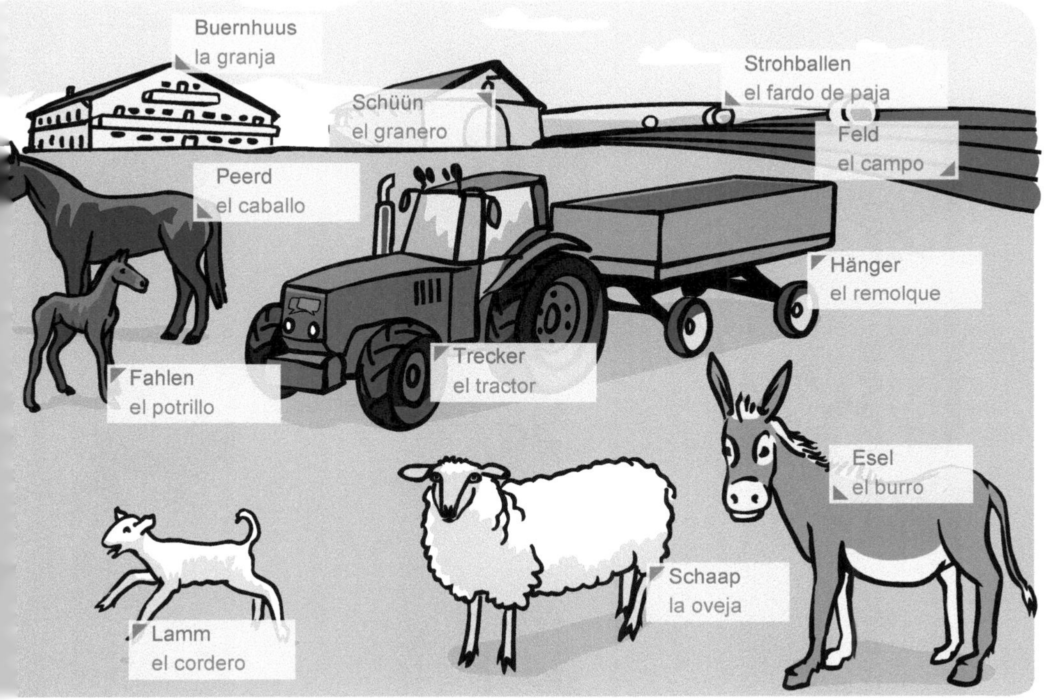

Buernhuus
la granja
Schüün
el granero
Strohballen
el fardo de paja
Feld
el campo
Peerd
el caballo
Hänger
el remolque
Trecker
el tractor
Fahlen
el potrillo
Esel
el burro
Schaap
la oveja
Lamm
el cordero

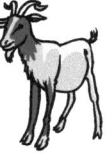

Zeeg
....
la cabra

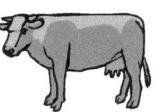

Koh
....
la vaca

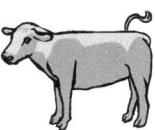

Kalf
....
el ternero

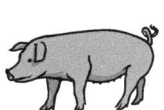

Swien
....
el cerdo

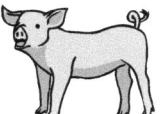

Farken
....
el lechón

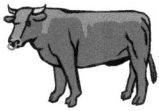

Bull
....
el toro

Goos

el ganso

Aant

el pato

Küken

el pollo

Hohn

la gallina

Hahn

el gallo

Rott

la rata

Katt

el gato

Muus

el ratón

Oss

el buey

Hund

el perro

Hunnenhütt

la cucha

Goornslauch

la manguera

Geetkann

la regadera

Lee

la guadaña

Ploog

el arado

Sich

la hoz

Hack

la azada

Mestfork

la horquilla

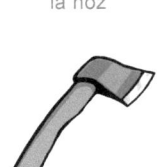

Ext

el hacha

Schuufkoor

la carretilla

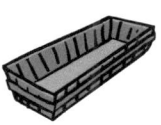

Trog

el abrevadero

Melkkann

la lechera

Sack

la bolsa

Tuun

la reja

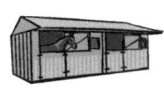

Stall

el establo

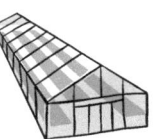

Drievhuus

el invernadero

Bodden

el suelo

Saat

la semilla

Dünger

el fertilizador

Meihdöscher

la cosechadora

oornen

cosechar

Oorn

la cosecha

Yamswöttel

las batatas

Weten

el trigo

Soja

la soja

Kantüffel

la papa

Törksche Weten

el maíz

Rapp

la semilla de colza

Aaftboom

el árbol frutal

Troopsch Kantüffel

la mandioca

Koorn

los cereales

Huus
la casa

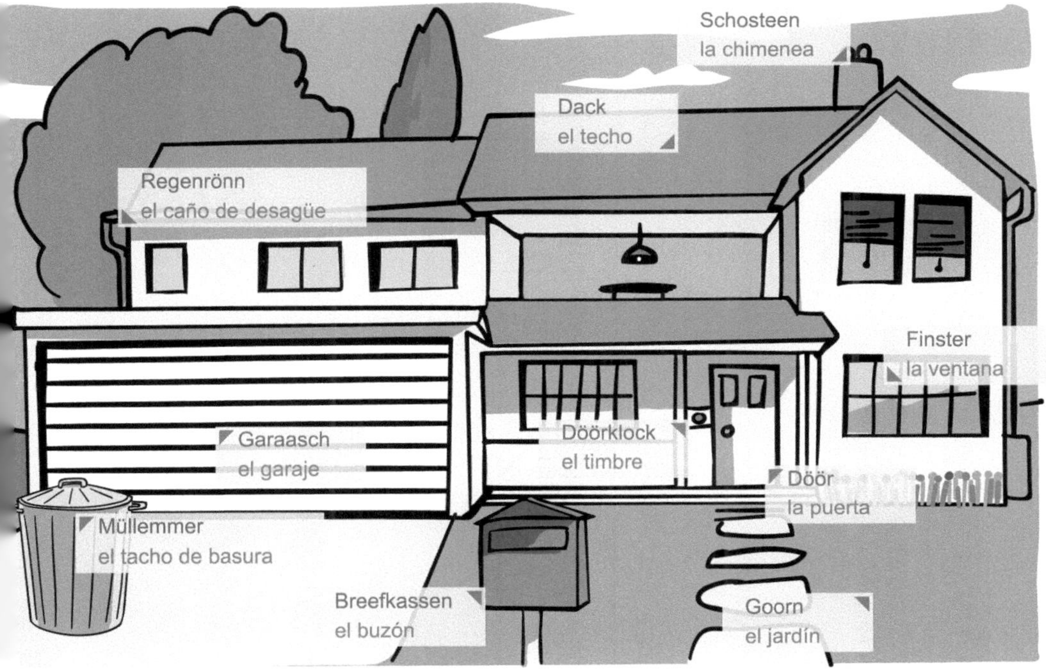
Schosteen
la chimenea
Dack
el techo
Regenrönn
el caño de desagüe
Finster
la ventana
Garaasch
el garaje
Döörklock
el timbre
Döör
la puerta
Müllemmer
el tacho de basura
Breefkassen
el buzón
Goorn
el jardín

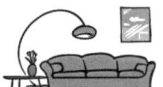

Wahnstuuv

el living

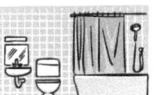

Baadstuuv

el baño

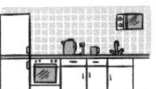

Köök

la cocina

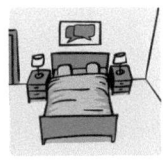

Slaapstuuv

el dormitorio

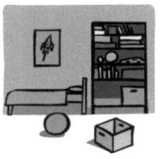

Kinnerstuuv

el cuarto de los chicos

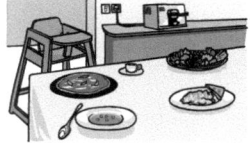

Eetstuuv

el comedor

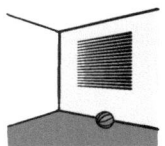

Footbodden

el piso

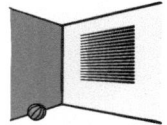

Wand

la pared

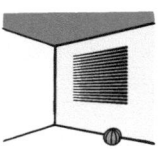

Deek

el cielorraso

Keller

el sótano

Hittluftbad

el sauna

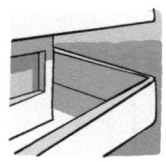

Balkon

el balcón

Terrass

la terraza

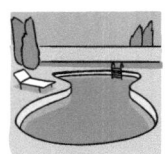

Swümmbad

la pileta

Rasenmeiher

la cortadora de pasto

Bettbetog

la sábana

Bettdeek

el acolchado

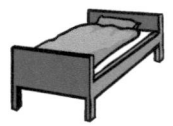

Puuch

la cama

Bessen

la escoba

Emmer

el balde

Schalter

el interruptor

Wahnstuuv
el living

Tapeet
el empapelado
Bild
la imagen
Lamp
la lámpara
Regal
el estante
Schapp
el armario
Kiekkassen
la televisión
Kamin
la chimenea
Bloom
la flor
Küssen
el almohadón
Sofa
el sofá
Vaas
el florero
Feernbedenen
el control remoto

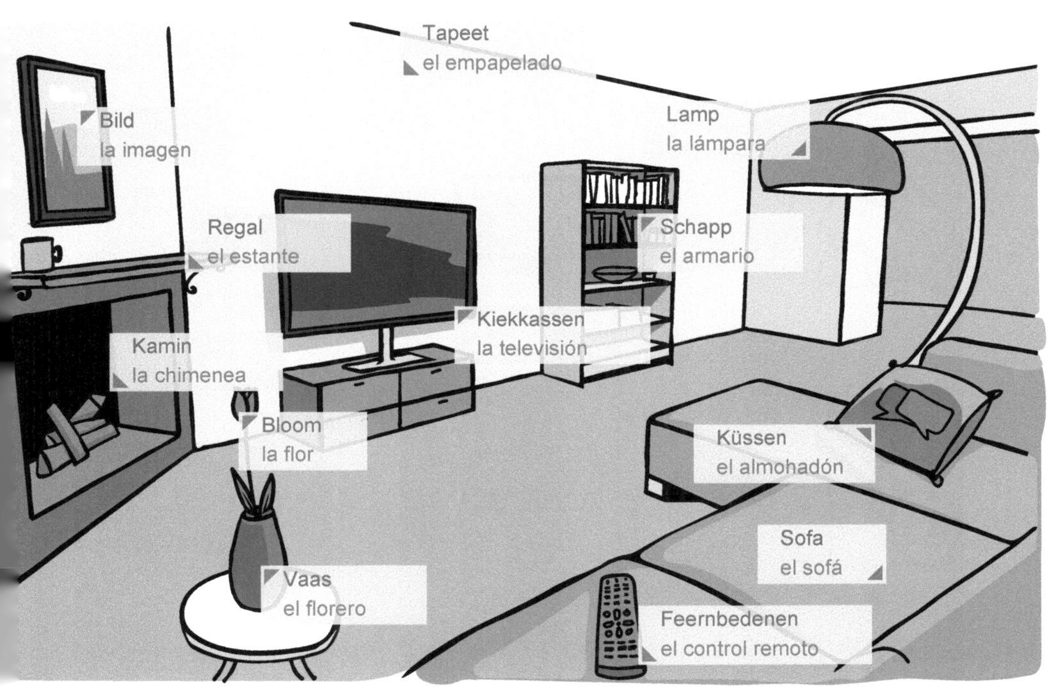

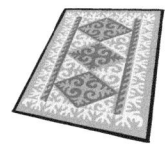

Teppich

la alfombra

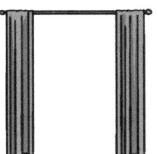

Vörhang

la cortina

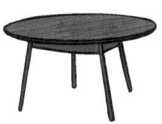

Disch

la mesa

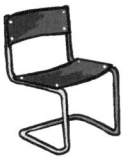

Stohl

la silla

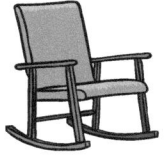

Schuckelstohl

la mecedora

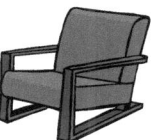

Sessel

el sillón

Book

el libro

Deek

la frazada

Dekoratschoon

la decoración

Füerholt

la leña

Film

la película

Stereoanlaag

el equipo de música

Slötel

la llave

Narichtenblatt

el diario

Gemälde

la pintura

Poster

el póster

Radio

la radio

Opschrievblock

el cuaderno

Huulbessen

la aspiradora

Kaktus

el cactus

Kars

la vela

Köök
la cocina

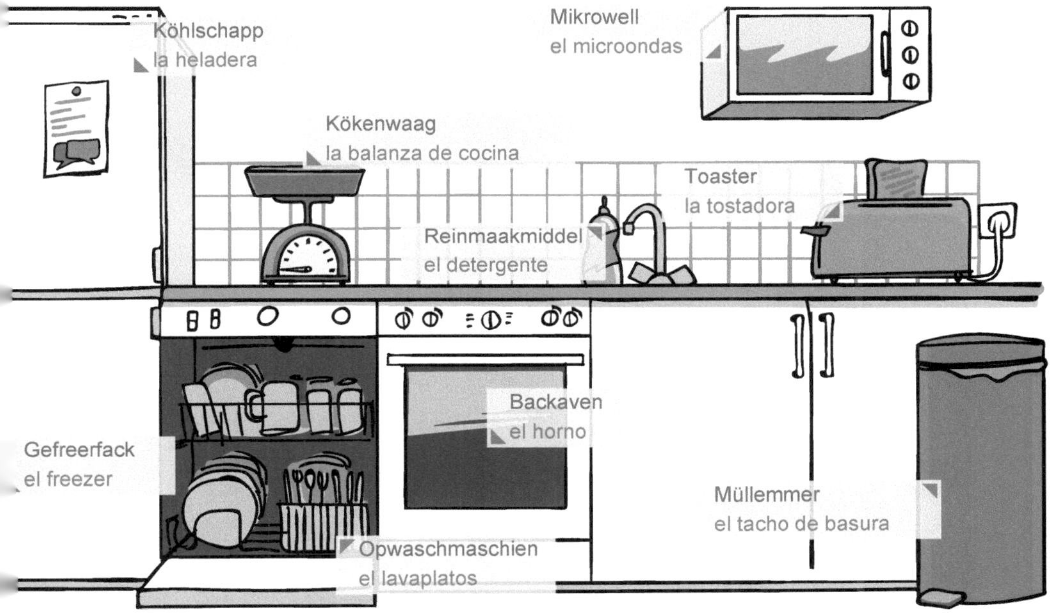

Köhlschapp
la heladera
Mikrowell
el microondas
Kökenwaag
la balanza de cocina
Toaster
la tostadora
Reinmaakmiddel
el detergente
Backaven
el horno
Gefreerfack
el freezer
Müllemmer
el tacho de basura
Opwaschmaschien
el lavaplatos

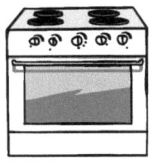

Heerd
la cocina

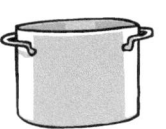

Pott
la olla

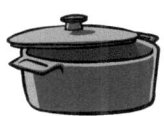

Gussiesern Putt
la olla de hierro fundido

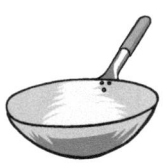

Wok / Kadai
el wok

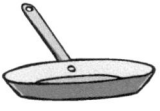

Pann
la sartén

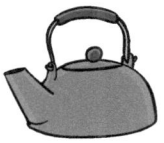

Waterkaker
la pava

Dampkaakputt

la vaporera

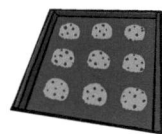

Backblick

la bandeja de horno

Geschirr

la vajilla

Beker

la taza

Schaal

el bol

Eetsticken

los palitos

Suppenkell

el cucharón

Pannenwenner

la espátula

Sneebessen

la batidora

Kaakseef

el colador

Seef

el colador

Riev

el rallador

Mörser

el mortero

Grill

la parrilla

Füerstell

la fogata

Sniedbrett

la tabla de picar

Nudelholt

el palo de amasar

Proppentrecker

el sacacorchos

Doos

la lata

Dosenaapner

el abrelatas

Pottlappen

la manopla

Waschbecken

la pileta

Böst

el cepillo

Swamm

la esponja

Mixer

la batidora

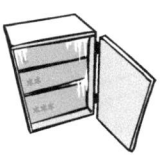

Iesschapp

el congelador

Nuckelbuddel

la mamadera

Waterhahn

la canilla

Köök - la cocina

Baadstuuv
el baño

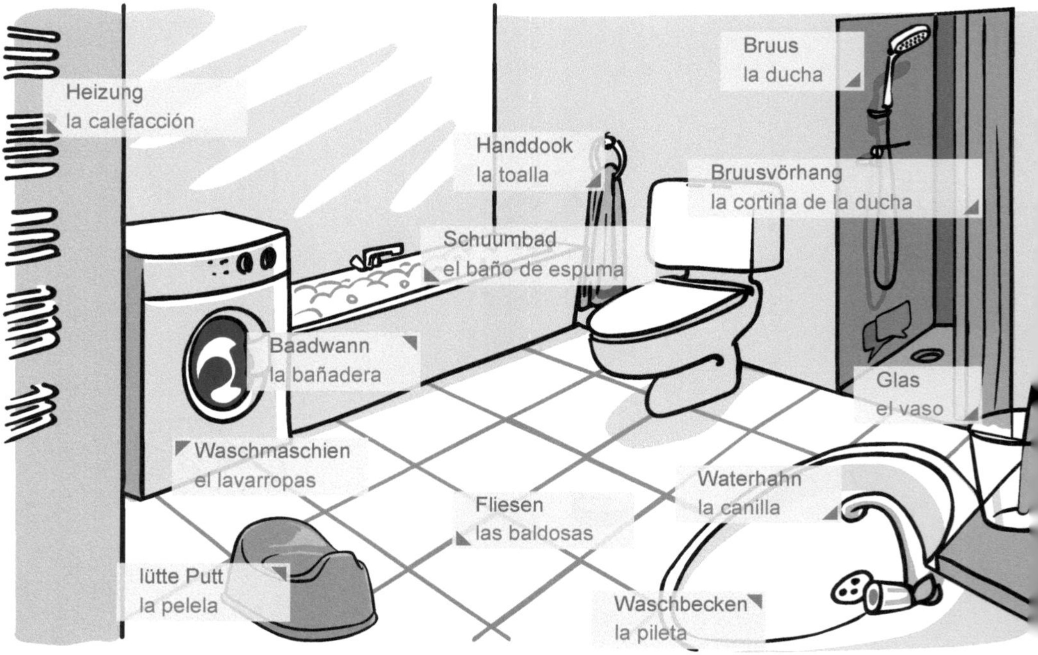

Heizung
la calefacción
Bruus
la ducha
Handdook
la toalla
Bruusvörhang
la cortina de la ducha
Schuumbad
el baño de espuma
Baadwann
la bañadera
Glas
el vaso
Waschmaschien
el lavarropas
Waterhahn
la canilla
Fliesen
las baldosas
lütte Putt
la pelela
Waschbecken
la pileta

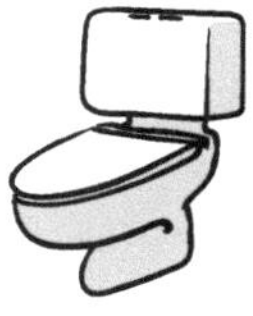

Tante Meier
el inodoro

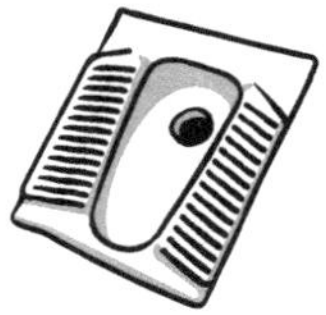

Hockklo
la letrina

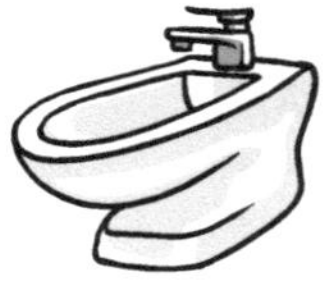

Bidet
el bidé

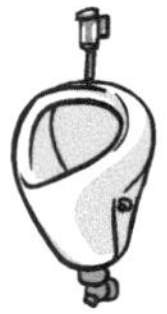

Miegbecken
el mingitorio

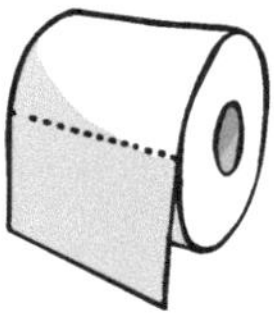

Klopapeer
el papel higiénico

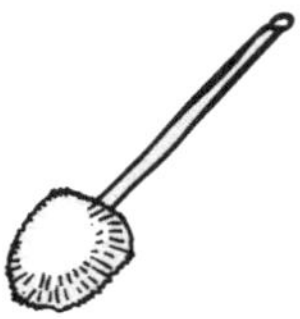

Kloböst
el cepillo para el inodoro

Tähnböst

el cepillo de dientes

Tähnpast

el dentífrico

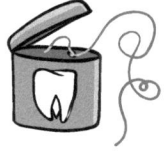

Tähnsied

el hilo dental

waschen

lavar

Handbruus

la ducha de mano

Intimbruus

la ducha higiénica

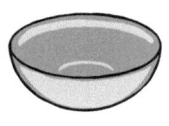

Waschschöttel

la palangana

Rüchböst

el cepillo para la espalda

Seep

el jabón

Bruusgeel

el gel de ducha

Hoorwaschmiddel

el shampoo

Waschlappen

la toallita

Afloop

el desagüe

Creme

la crema

Deodorant

el desodorante

Spegel

el espejo

Kosmetikspegel

el espejito

Raserer

la maquinita de afeitar

Raseerschuum

la espuma de afeitar

Raseerwater

el aftershave

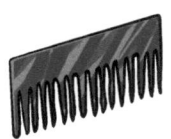

Kamm

el peine

Böst

el cepillo

Hoordröger

el secador de pelo

Hoorspray

el spray

Smink

el maquillaje

Lippensticken

el lápiz de labios

Nagellack

el esmalte para uñas

Watt

el algodón

Nagelscheer

la tijera para uñas

Rüükwater

el perfume

Kulturbüdel

el portacosméticos

Schemel

la banqueta

Waag

la balanza

Baadmantel

la bata

Gummihanschen

los guantes de goma

Tampon

el tampón

Damenbinn

la toallita femenina

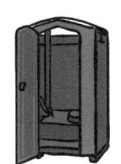

Chemieklo

el baño químico

Kinnerstuuv

el cuarto de los chicos

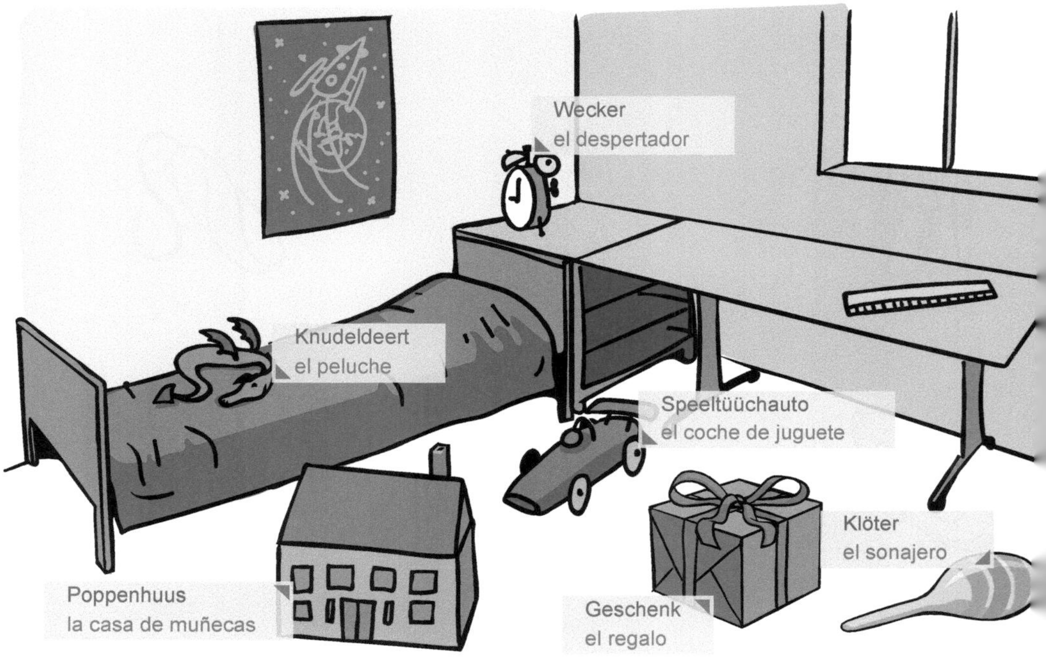
Wecker
el despertador
Knudeldeert
el peluche
Speeltüüchauto
el coche de juguete
Klöter
el sonajero
Poppenhuus
la casa de muñecas
Geschenk
el regalo

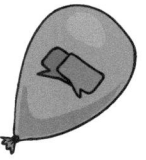

Luftballon
el globo

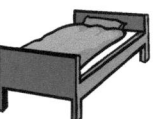

Puuch
la cama

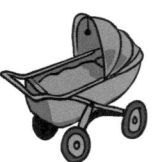

Kinnerwagen
el cochecito

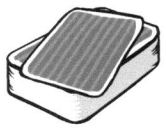

Koortenspeel
las cartas

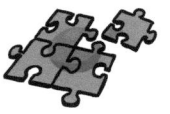

Puzzle
el rompecabezas

SUPER MEGA

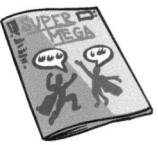

Billergeschicht
la historieta

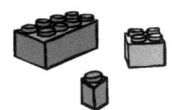

Legostenen

las piezas de lego

Bustenen

los ladrillos de juguete

Action-Figur

la figura de acción

Strampelantog

el enterito (de bebé)

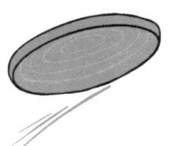

Frisbeeschiev

el frisbee

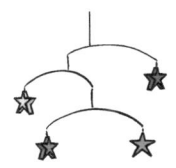

Mobile

el móvil para bebés

Brettspeel

el juego de mesa

Wörpel

los dados

Modelliesenbahn

el tren eléctrico

Snuller

el chupete

Party

la fiesta

Billerbook

el libro de cuentos ilustrado

Ball

la pelota

Popp

la muñeca

spelen

jugar

Sandkassen

el arenero

Schuckel

la hamaca

Speeltüüch

los juguetes

Speelkonsool

la consola de videojuegos

Dreerad

el triciclo

Teddyboor

el osito de peluche

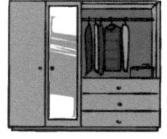

Klederschapp

el armario

Socken

las medias

Strümp

las medias panty

Strumpbüx

las calzas

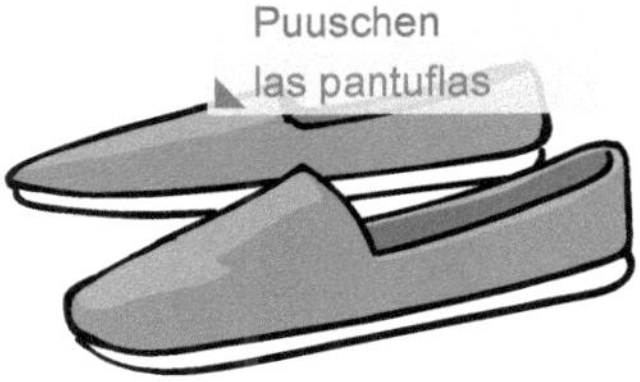

Halsdook
la bufanda

Paraplü
el paraguas

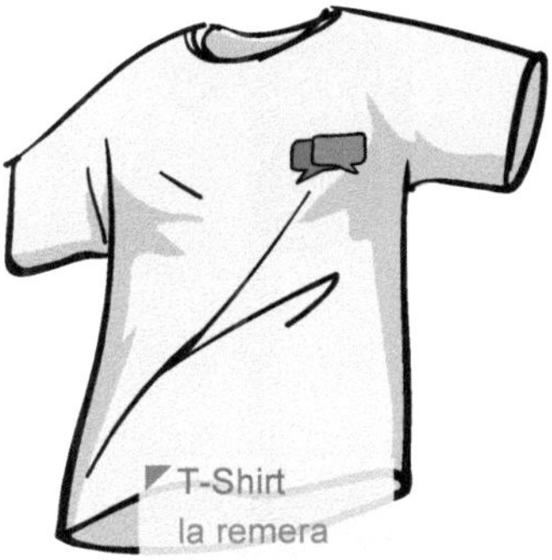

T-Shirt
la remera

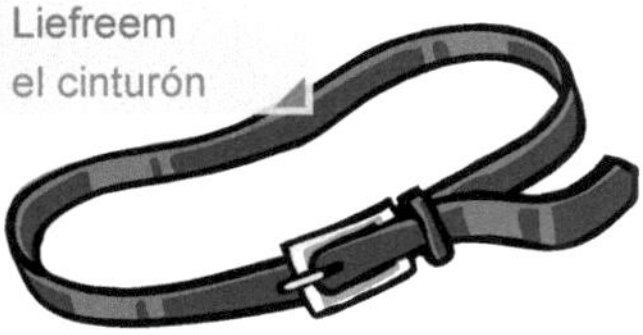

Liefreem
el cinturón

Stevel
las botas

Puuschen
las pantuflas

Turnschoh
las zapatillas

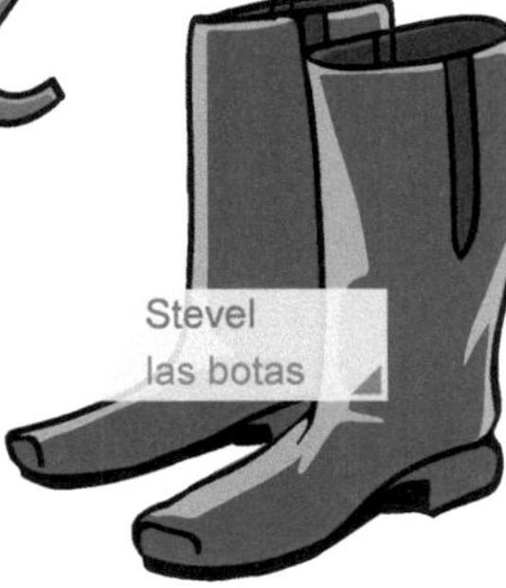

Sandalen
....
las sandalias

Schoh
....
los zapatos

Gummistevel
....
las botas de goma

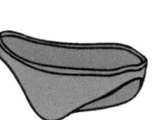

Ünnerbüx
....
la ropa interior

Bostholler
....
el corpiño

Ünnerhemd
....
el chaleco

Tüüch - la ropa

Lief

el body

Büx

los pantalones

Jeansnüx

los jeans

Rock

la pollera

Bluus

la blusa

Hemd

la camisa

Pullover

el pulóver

Kapuzenpullover

el buzo

Blazer

el blazer

Jack

la campera

Mantel

el tapado

Övertrecker

el piloto

Kostüm

el traje

Kleed

el vestido

Hochtietskleed

el vestido de novia

Antog
el traje

Nachtkleed
el camisón

Slaapantog
el pijama

Sari
el sari

Koppdook
el pañuelo para la cabeza

Turban
el turbante

Burka
la burka

Kaftan
el caftán

Abaya
la abaya

Baadantog
el traje de baño

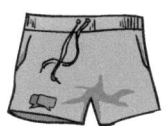

Baadbüx
el short de baño

Korte Büx
los shorts

Antog to'n Öven
el jogging

Schört
el delantal

Handschoh
los guantes

Knopp

el botón

Brill

los anteojos

Armband

la pulsera

Halskeed

el collar

Ring

el anillo

Ohrbummel

el aro

Mütz

la gorra

Klederbögel

la percha

Hoot

el sombrero

Binner

la corbata

Rietslüter

el cierre

Helm

el casco

Drachtband

los tiradores

Schooluniform

el uniforme escolar

Uniform

el uniforme

Severböten
....
el babero

Snuller
....
el chupete

Winnel
....
el pañal

Büro
la oficina

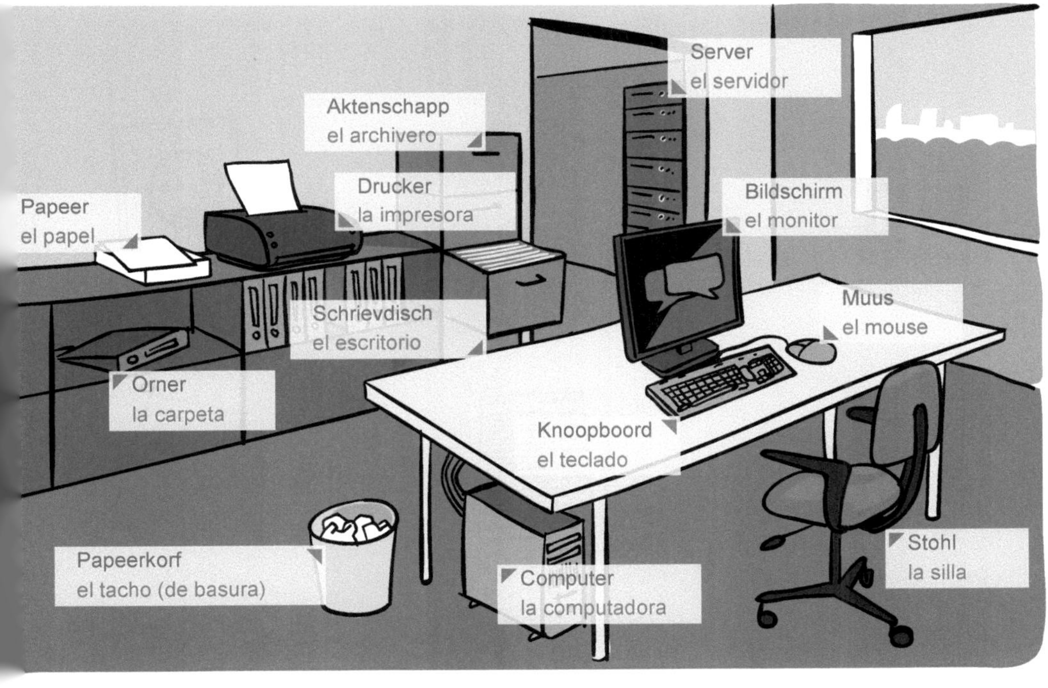

Server
el servidor

Aktenschapp
el archivero

Drucker
la impresora

Bildschirm
el monitor

Papeer
el papel

Muus
el mouse

Schrievdisch
el escritorio

Orner
la carpeta

Knoopboord
el teclado

Papeerkorf
el tacho (de basura)

Computer
la computadora

Stohl
la silla

Koffiebeker
....
la taza de café

Taschenreekner
....
la calculadora

Internet
....
el internet

Klappreekner

la laptop

Breef

la carta

Naricht

el mensaje

Ackersnacker

el celular

Nettwark

la red

Kopeerapparat

la fotocopiadora

Software

el software

Klöönkassen

el teléfono

Steekdoos

el tomacorriente

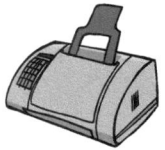

Faxapparat

el fax

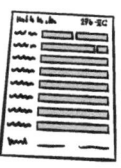

Formulor

el formulario

Dokument

el documento

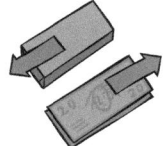

köpen
....
comprar

betahlen
....
pagar

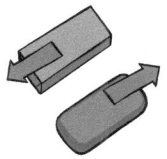

hanneln
....
hacer negocios

Geld
....
el dinero

Dollar
....
el dólar

Euro
....
el euro

Yen
....
el yen

Ruvel
....
el rublo

Swiezer Franken
....
el franco suizo

Renminbi Yuan
....
el yuan

Rupie
....
la rupia

Geldautomat
....
el cajero automático

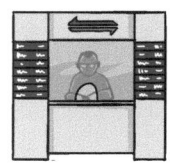

Wesselstuuv

la casa de cambio

Gold

el oro

Sülver

la plata

Ööl

el petróleo

Energie

la energía

Pries

el precio

Verdrag

el contrato

Stüer

el impuesto

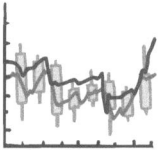

Andeelschien

la acción

arbeiden

trabajar

Anstellte

el empleado

Arbeitgever

el empleador

Fabrik

la fábrica

Hökerie

el negocio

Profeschonen
las ocupaciones

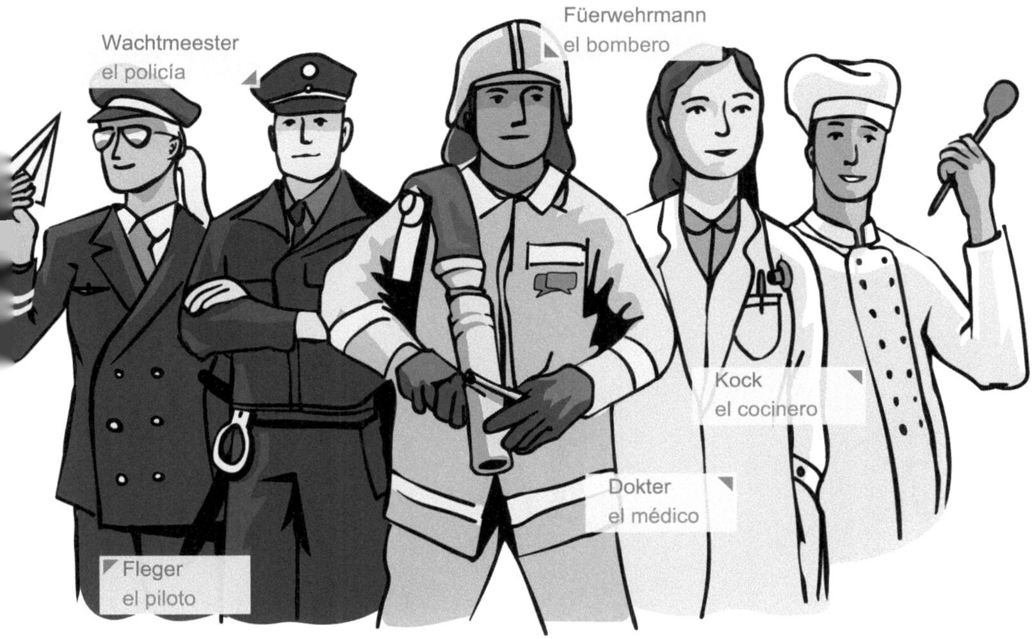

Wachtmeester
el policía
Füerwehrmann
el bombero
Kock
el cocinero
Dokter
el médico
Fleger
el piloto

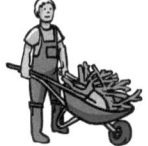

Goorner
....
el jardinero

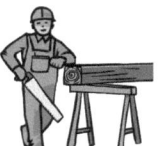

Discher
....
el carpintero

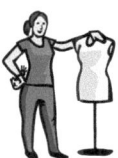

Neihersche
....
la modista

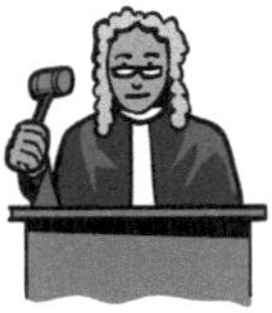

Richter
....
el juez

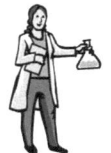

Chemiker
....
el farmacéutico

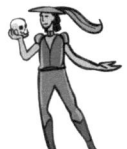

Schauspeler
....
el actor

Busfohrer

el colectivero

Taxifohrer

el taxista

Fischer

el pescador

Reinmaakfru

la mucama

Dackdecker

el techista

Kellner

el mozo

Jäger

el cazador

Maler

el pintor

Bäcker

el panadero

Elektriker

el electricista

Buarbeider

el albañil

Ingenieur

el ingeniero

Slachter

el carnicero

Klempner

el plomero

Postbüdel

el cartero

Suldat

el soldado

Architekt

el arquitecto

Kasserer

el cajero

Florist

el florista

Putzbüdel

el peluquero

Schaffner

el cobrador

Mechaniker

el mecánico

Kaptein

el capitán

Tähndokter

el dentista

Wetenschopler

el científico

Rabbi

el rabino

Imam

el imán

Mönk

el monje

Paap

el sacerdote

Warktüüch

las herramientas

Hamer
el martillo
Tang
la tenaza
Schruvendreiher
el destornillador
Schruvenslötel
la llave
Taschenlamp
la linterna
15
15

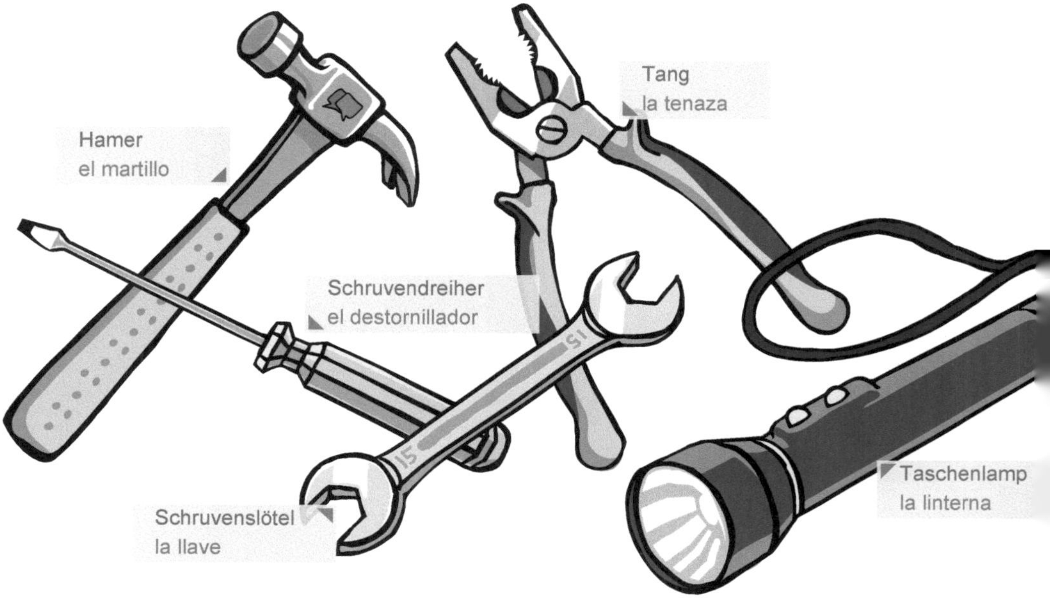

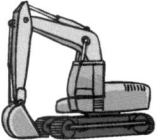

Grieper

la excavadora

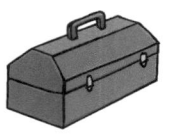

Warktüüchkassen

la caja de herramientas

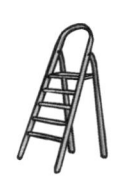

Ledder

la escalera portátil

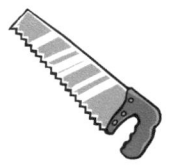

Saag

la sierra

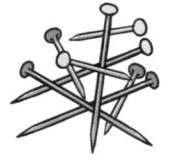

Nagels

los clavos

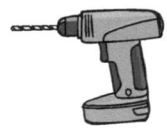

Bohrer

el taladro

heelmaken
arreglar

Schüffel
la pala de jardín

Schiet!
¡Qué bronca!

Kehrblick
la pala de plástico

Farvpott
el tacho de pintura

Schruven
los tornillos

Musikinstrumenten
los instrumentos musicales

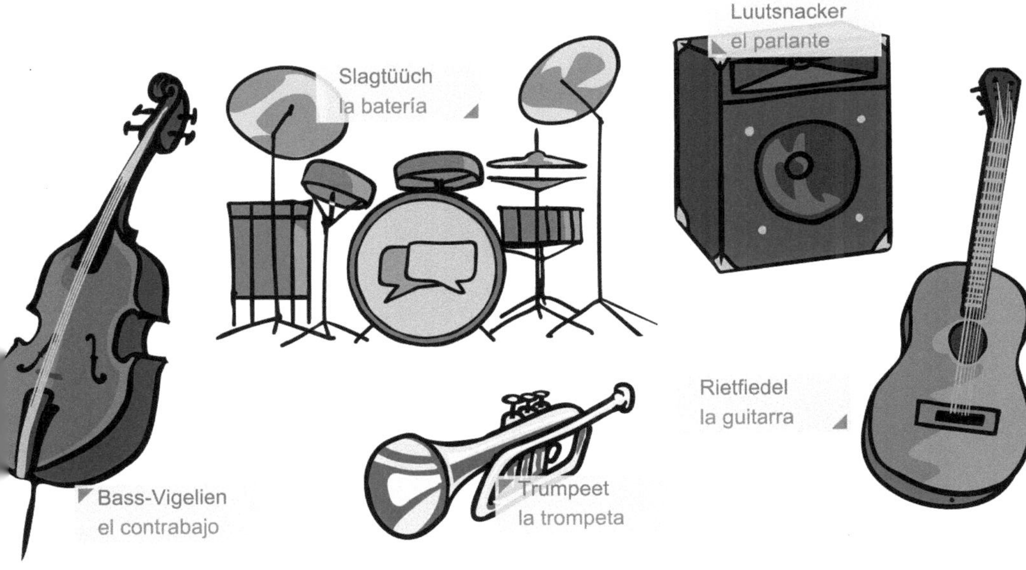

Luutsnacker
el parlante

Slagtüüch
la batería

Rietfiedel
la guitarra

Bass-Vigelien
el contrabajo

Trumpeet
la trompeta

Klaveer

el piano

Vigelien

el violín

Bass

el bajo

Pauk

los timbales

Trummeln

el tambor

Keyboard

el teclado

Saxophon

el saxofón

Fleut

la flauta

Mikrofoon

el micrófono

Deertenpark
el zoológico

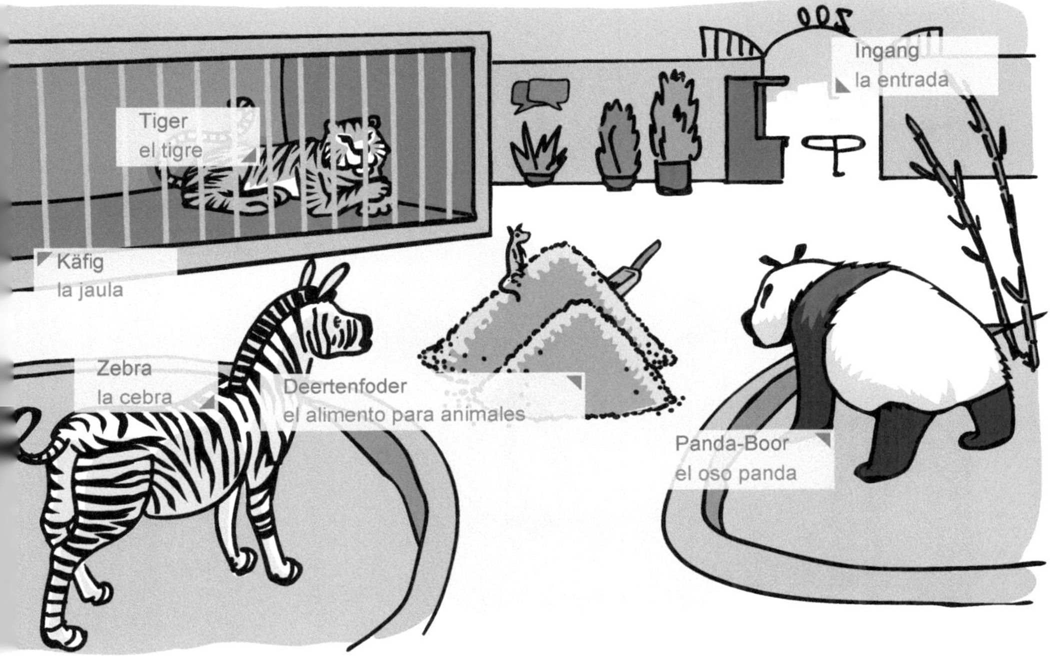

Tiger
el tigre
Käfig
la jaula
Zebra
la cebra
Deertenfoder
el alimento para animales
Ingang
la entrada
Panda-Boor
el oso panda

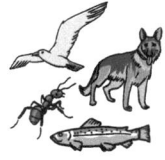

Deerten

los animales

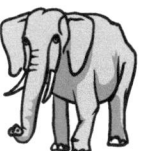

Elefant

el elefante

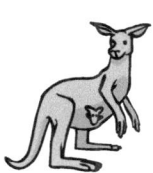

Känguru

el canguro

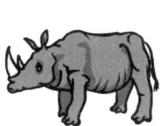

Neeshoorn

el rinoceronte

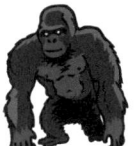

Gorilla

el gorila

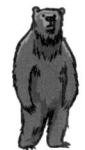

Boor

el oso

Kameel

el camello

Struuß

el avestruz

Lööv

el león

Aap

el mono

Flamingo

el flamenco

Papagoi

el loro

Iesboor

el oso polar

Pinguin

el pingüino

Haifisch

el tiburón

Pageluun

el pavo real

Slang

la serpiente

Krokodil

el cocodrilo

Oppasser in'n Deertenpark

el cuidador del zoológico

Saalhund

la foca

Jaguor

el jaguar

Pony

el poni

Leopard

el leopardo

Nilpeerd

el hipopótamo

Giraff

la jirafa

Aadler

el águila

Wildswien

el jabalí

Fisch

el pescado

Schildkrööt

la tortuga

Walross

la morsa

Voss

el zorro

Gazell

la gacela

Amerikaansch Football
el fútbol americano

Radfohren
el ciclismo

Tennis
el tenis

Korfball
el básquet

Swümmen
la natación

Boxen
el boxeo

Ieshockey
el hockey sobre hielo

Football
el fútbol

Fedderball
el bádminton

Leichtathletik
el atletismo

Handball
el handball

Skilopen
el esquí

Polo
el polo

Aktivitäten
las actividades

lachen
reír
springen
saltar
ümarmen
abrazar
gahn
caminar
singen
cantar
drömen
soñar
beden
rezar
snuteln
besar

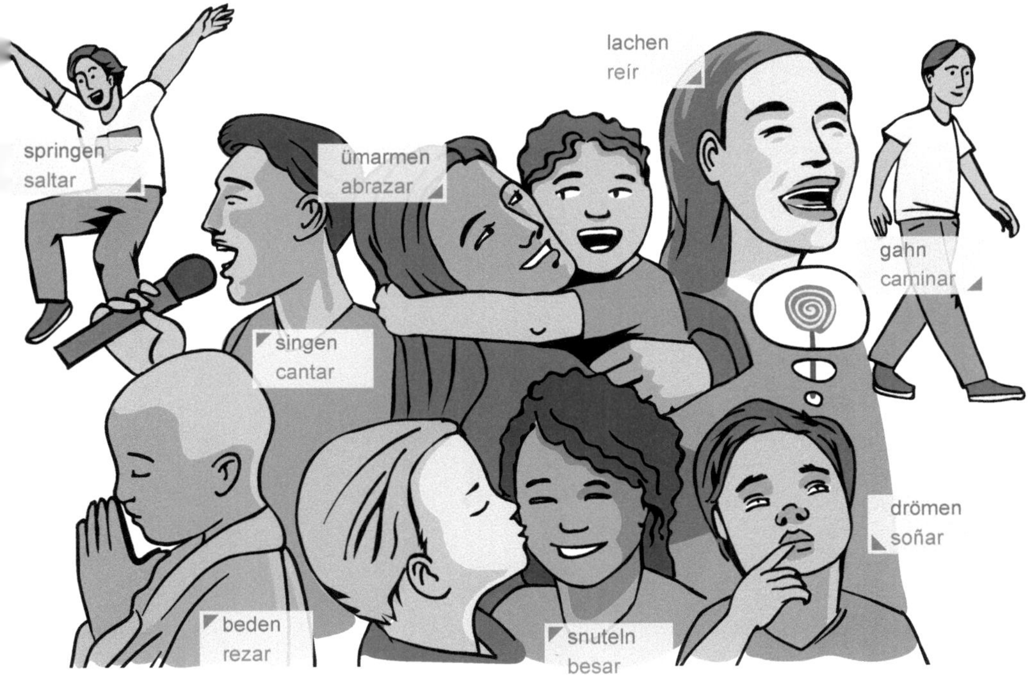

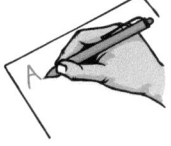

schrieven

escribir

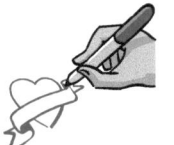

teken

dibujar

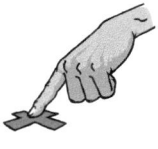

wiesen

mostrar

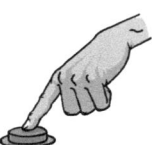

drücken

presionar

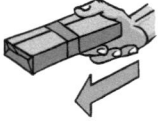

geven

dar

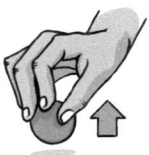

nehmen

tomar

hebben

tener

doon

hacer

sien

ser

stahn

estar parado

lopen

correr

trecken

tirar

smieten

tirar

fallen

caer

liggen

estar acostado

töven

esperar

dregen

llevar

sitten

estar sentado

antrecken

vestirse

slapen

dormir

opwaken

despertar

ankieken

mirar

wenen

llorar

eien

acariciar

kämmen

peinar

snacken

hablar

verstahn

entender

fragen

preguntar

hören

escuchar

drinken

beber

eten

comer

oprümen

ordenar

leefhebben

amar

kaken

cocinar

fohren

manejar

flegen

volar

segeln

navegar

reken

calcular

lesen

leer

lehren

aprender

arbeiden

trabajar

de Plünnen tohoopsmieten

casarse

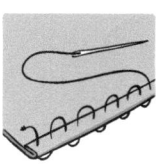

neihen

coser

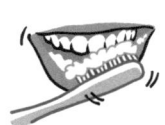

Tähnen putzen

cepillarse los dientes

dootmaken

matar

smöken

fumar

schicken

enviar

Familje
la familia

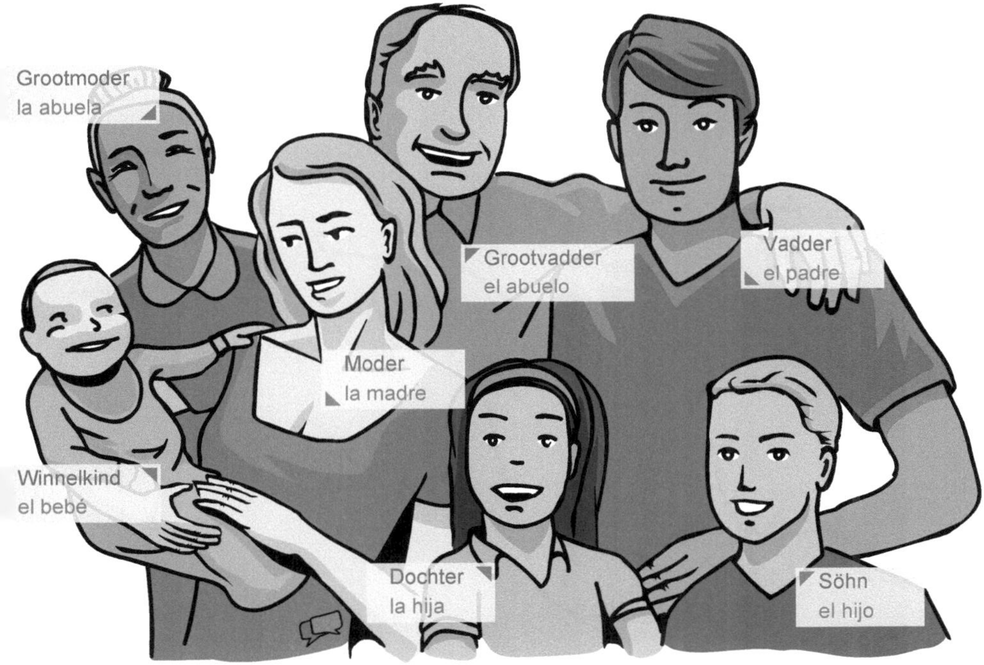
Grootmoder
la abuela
Grootvadder
el abuelo
Vadder
el padre
Moder
la madre
Winnelkind
el bebé
Dochter
la hija
Söhn
el hijo

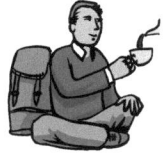

Gast
el invitado

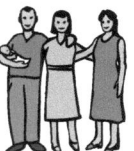

Tant
la tía

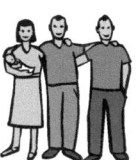

Unkel
el tío

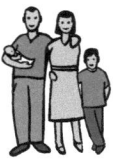

Broder
el hermano

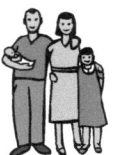

Süster
la hermana

Lief

el cuerpo

Vörkopp
la frente
Oog
el ojo
Schuller
el hombro
Finger
el dedo
Gesicht
la cara
Kinn
la pera
Hand
la mano
Been
la pierna
Bost
el pecho
Arm
el brazo

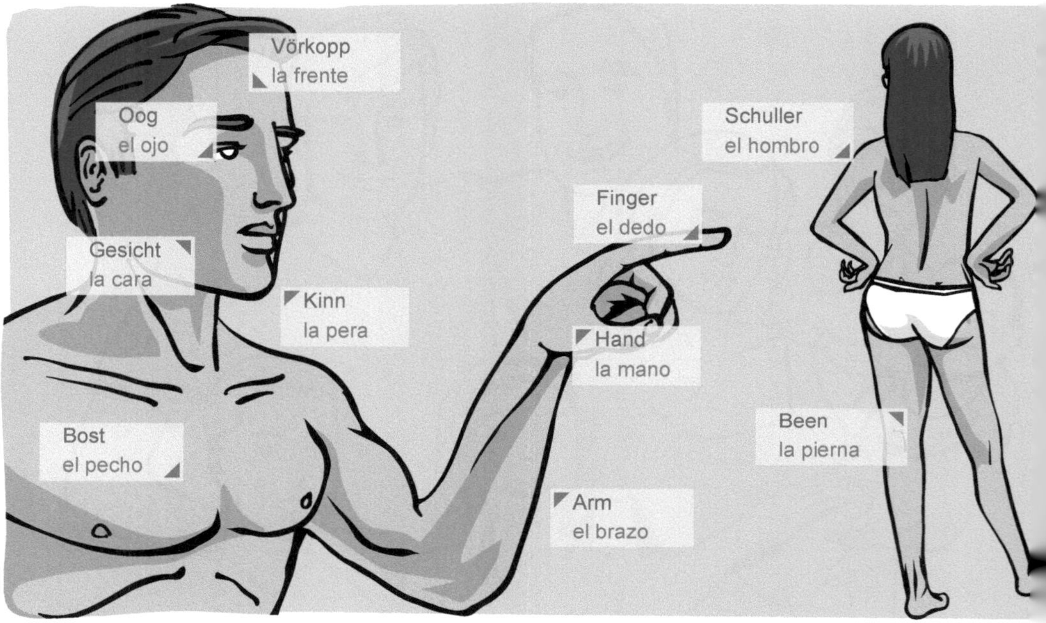

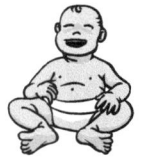

Winnelkind

el bebé

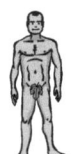

Mann

el hombre

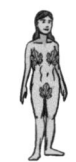

Fro

la mujer

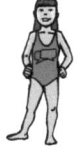

Deern

la nena

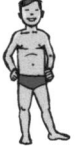

Jung

el nene

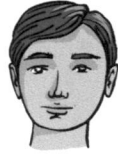

Arm

la cabeza

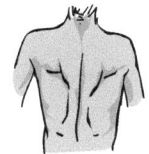

Rüch

la espalda

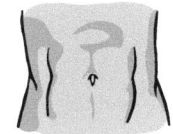

Buuk

la panza

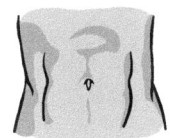

Navel

el ombligo

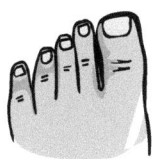

Teh

el dedo del pie

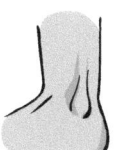

Hack

el talón

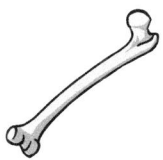

Knaken

el hueso

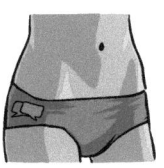

Hüft

la cadera

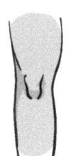

Knee

la rodilla

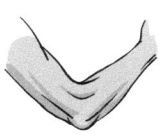

Ellbagen

el codo

Nees

la nariz

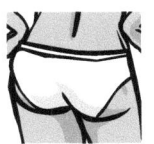

Achtersen

la cola

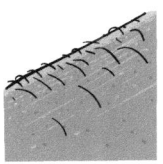

Huut

la piel

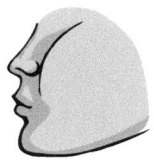

Back

el cachete

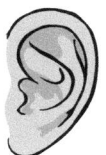

Ohr

la oreja

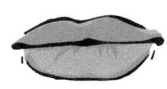

Lipp

el labio

Mund

la boca

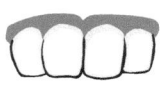

Tähn

el diente

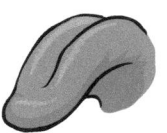

Tung

la lengua

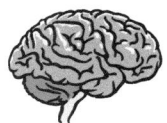

Bregen

el cerebro

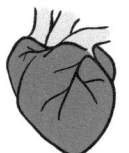

Hart

el corazón

Muskel

el músculo

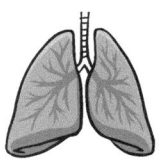

Lung

el pulmón

Lever

el hígado

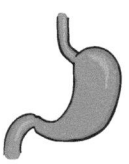

Maag

el estómago

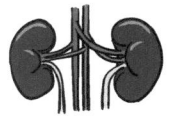

Neren

los riñones

Bislaap

el sexo

Kondoom

el preservativo

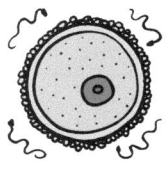

Eizell

el óvulo

Sperma

el semen

Anner Ümstänn

el embarazo

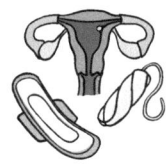

Menstruatschoon

la menstruación

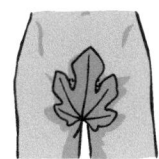

Scheed

la vagina

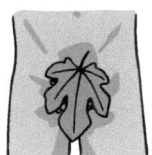

Pint

el pene

Ogenbroe

la ceja

Hoor

el pelo

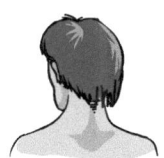

Hals

el cuello

Krankenhuus

el hospital

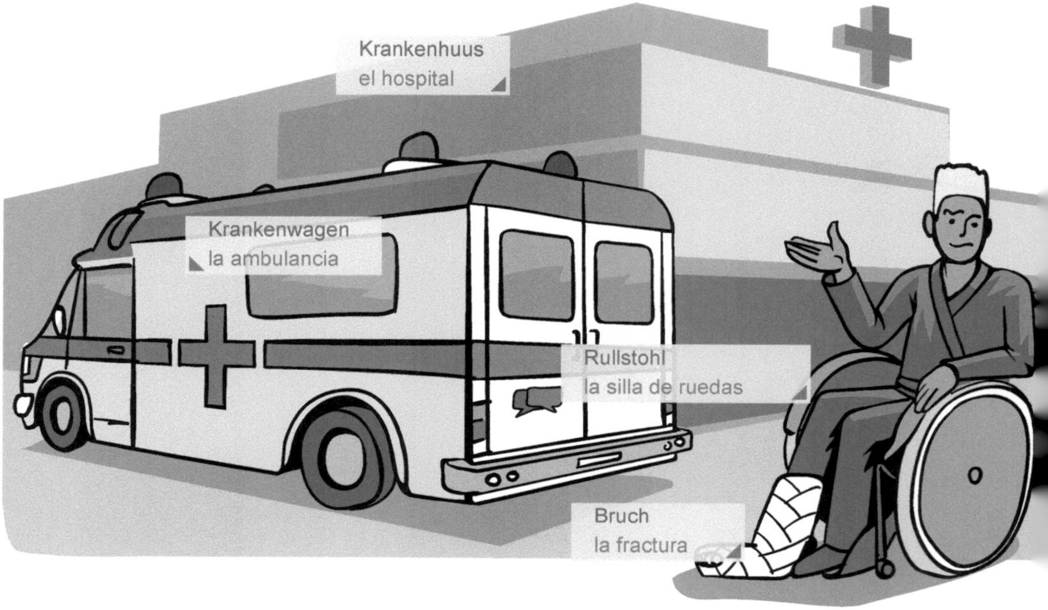

Krankenhuus
el hospital
Krankenwagen
la ambulancia
Rullstohl
la silla de ruedas
Bruch
la fractura

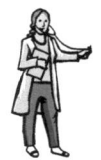

Dokter
el médico

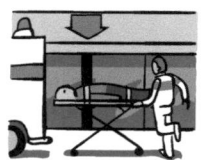

Nootopnahm
la sala de guardia

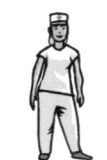

Krankensüster
la enfermera

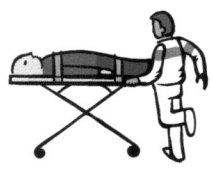

Nootfall
la emergencia

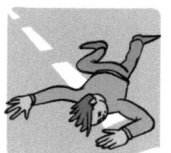

ahnmächtig
inconsciente

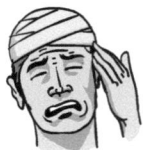

Wehdaag
el dolor

Verwunnen

la lesión

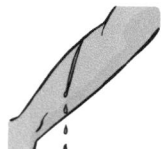

Blöden

la hemorragia

Hartinfarkt

el infarto

Slaganfall

el ACV

Allergie

la alergia

Hoosten

la tos

Fever

la fiebre

Gripp

la gripe

Dörchfall

la diarrea

Koppwehdaag

el dolor de cabeza

Kreeft

el cáncer

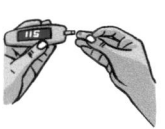

Zuckersüük

la diabetes

Chirurg

el cirujano

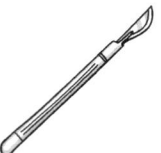

Chirurgsch Mess

el bisturí

Operatschoon

la operación

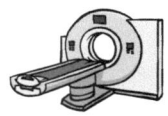

CT
la TC

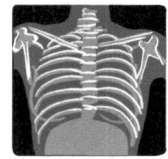

Dörchlüchten
los rayos x

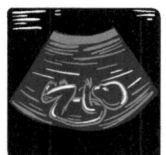

Ultraschall
la ecografía

Mask
el barbijo

Krankheit
la enfermedad

Töövruum
la sala de espera

Krück
la muleta

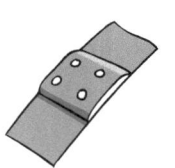

Plaaster
la curita

Verband
la venda

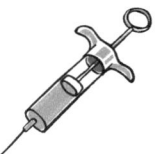

Insprütten
la inyección

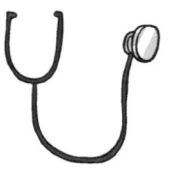

Stethoskop
el estetoscopio

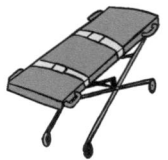

Draag
la camilla

Feverthermometer
el termómetro

Geboort
el nacimiento

Övergewicht
el sobrepeso

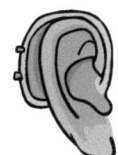

Höörapparat

el audífono

Kiemfriemiddel

el desinfectante

Ansteken

la infección

Virus

el virus

HIV / AIDS

el VIH / SIDA

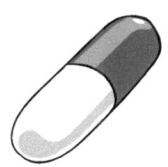

Heelmiddel

el remedio

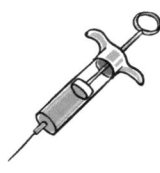

Impen

la vacunación

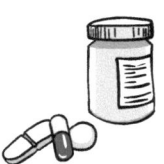

Tabletten

los comprimidos

Pill

la pastilla anticonceptiva

Nootroop

llamada de emergencia

Blootdruck-Meter

el tensiómetro

krank / gesund

enfermo / sano

Hölp!

¡Ayuda!

Alarm

la alarma

Överfall

la agresión

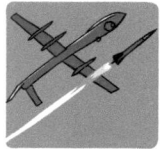

Angreep

el ataque

Gefohr

el peligro

Nootutgang

la salida de emergencia

Füer!

¡Fuego!

Füerlöscher

el matafuego

Unfall

el accidente

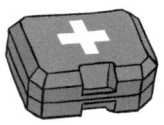

Noothölpkoffer

el botiquín de primeros
auxilios

SOS

el SOS

Polizei

la policía

Europa

Europa

Noordamerika

América del Norte

Süüdamerika

América del Sur

Afrika

África

Asien

Asia

Australien

Australia

Atlantik

el Atlántico

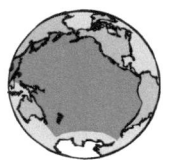

Pazifik

el Pacífico

Indisch Weltmeer

el Océano Índico

Antarktisch Weltmeer

el Océano Antártico

Arktisch Weltmeer

el Océano Ártico

Noordpol

el polo norte

Süüdpol

el polo sur

Antarktis

la Antártida

Eerd

la Tierra

Land

la tierra

See

el mar

Eiland

la isla

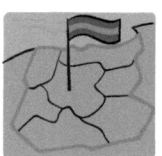

Natschoon

la nación

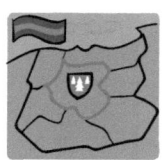

Staat

el estado

Tallenblatt

la esfera

Stunnenwieser

la manecilla de las horas

Minutenwieser

el minutero

Sekunnenwieser

el segundero

Wo laat is dat?

¿Qué hora es?

Dag

el día

Tiet

la hora

nu

ahora

digetaalsch Klock

el reloj digital

Minuut

el minuto

Stunn

la hora

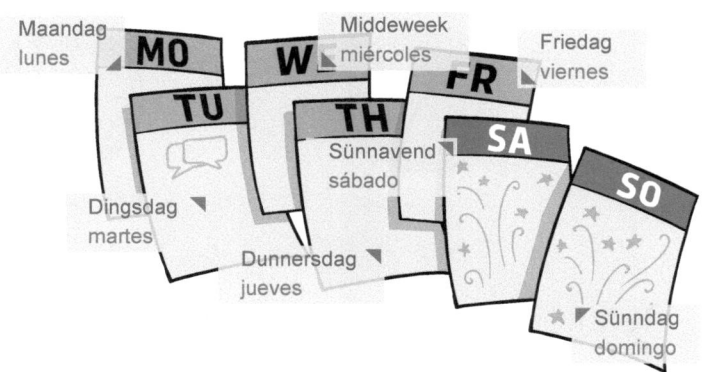

Maandag / lunes
Middeweek / miércoles
Friedag / viernes
Dingsdag / martes
Dunnersdag / jueves
Sünnavend / sábado
Sünndag / domingo

güstern
ayer

hüüt
hoy

morgen
mañana

Morgen
la mañana

Meddag
el mediodía

Avend
la tarde

MO	TU	WE	TH	FR	SA	SU
1	2	3	4	5	6	7
8	9	10	11	12	13	14
15	16	17	18	19	20	21
22	23	24	25	26	27	28
29	30	31	1	2	3	4

Arbeitsdaag
los días hábiles

MO	TU	WE	TH	FR	SA	SU
1	2	3	4	5	6	7
8	9	10	11	12	13	14
15	16	17	18	19	20	21
22	23	24	25	26	27	28
29	30	31	1	2	3	4

Wekenenn
el fin de semana

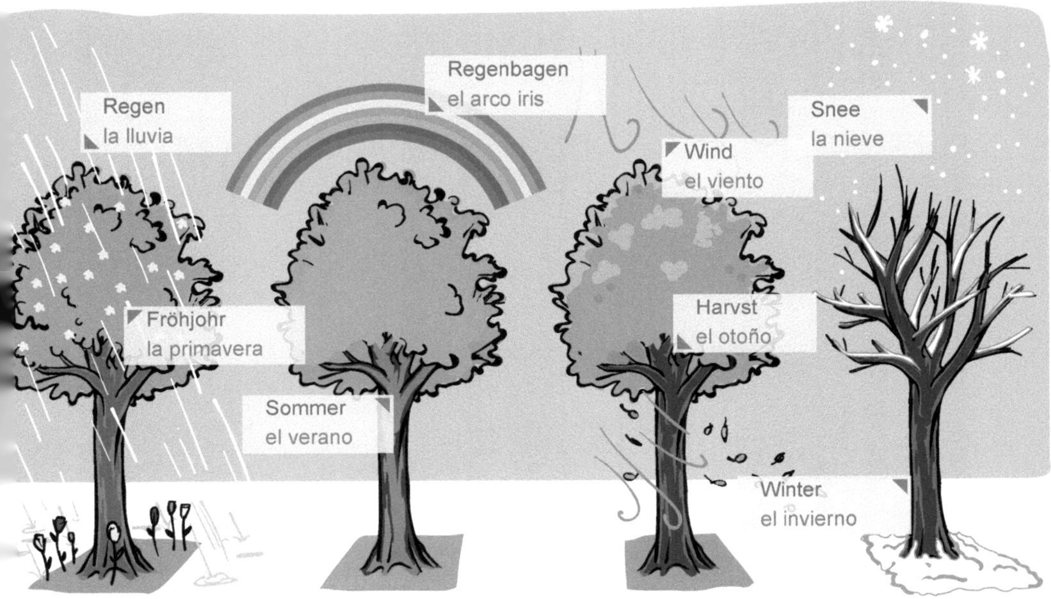
Regen
la lluvia
Regenbagen
el arco iris
Snee
la nieve
Wind
el viento
Fröhjohr
la primavera
Harvst
el otoño
Sommer
el verano
Winter
el invierno

4.APRIL 11°
5.APRIL 4°
6.APRIL 13°
7.APRIL 8°
8.APRIL 10°

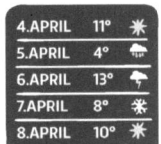

Wedervörhersaag

pronóstico meteorológico

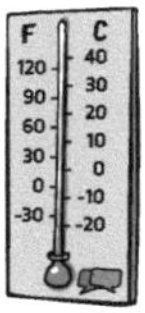
F C
120 40
90 30
60 20
30 10
0 0
-30 -10
-20

Thermometer

el termómetro

Sünnenschien

la luz del sol

Wulk

la nube

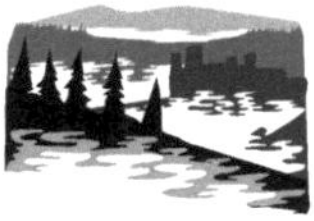

Nevel

la niebla

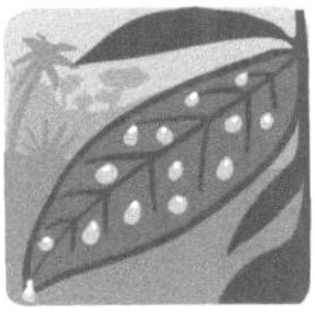

Luftfuchtigkeit

la humedad

Blitz	Dunner	Storm
el rayo	el trueno	la tormenta
	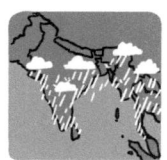	
Hagel	Monsun	Floot
el granizo	el monzón	la inundación

Ies	Januormaand	Februormaand
el hielo	enero	febrero
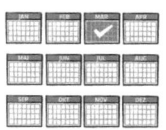		
Martmaand	Aprilmaand	Maimaand
marzo	abril	mayo
		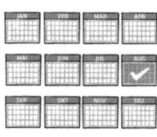
Junimaand	Julimaand	Augustmaand
junio	julio	agosto

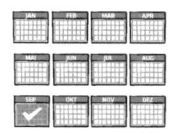

Septembermaand

septiembre

Oktobermaand

octubre

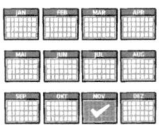

Novembermaand

noviembre

Dezembermaand

diciembre

Formen
las formas

Krink

el círculo

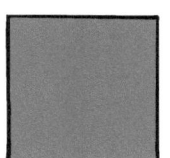

Quadrat

el cuadrado

Rechteck

el rectángulo

Dreeeck

el triángulo

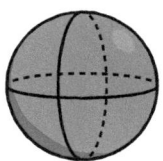

Kugel

la esfera

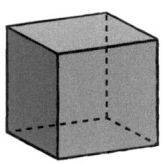

Wörpel

el cubo

witt

blanco

geel

amarillo

orangsch

naranja

pink

rosa

root

rojo

lila

violeta

blau

azul

gröön

verde

bruun

marrón

gries

gris

swart

negro

veel / wenig

mucho / poco

böös / verdreeglich

enojado / tranquilo

smuck / mies

lindo / feo

Begünn / Enn

el principio / el fin

groot / lütt

grande / chico

hell / düüster

claro / oscuro

Broder / Süster

l hermano / la hermana

schier / schietig

limpio / sucio

kumpleet / nich kumpleet

completo / incompleto

Dag / Nacht

el día / la noche

doot / lebennig

muerto / vivo

breet / small

ancho / angosto

geneetbor / nich geneetbor

comestible / no comestible

böös / fründlich

malo / amable

fickerig / langwielt

entusiasmado / aburrido

dick / dünn

gordo / flaco

toeerst / toletzt

primero / último

Fründ / Fiend

el amigo / el enemigo

vull / leddig

lleno / vacío

hart / week

duro / blando

swoor / licht

pesado / liviano

Smacht / Döst

el hambre / la sed

krank / gesund

enfermo / sano

nich na't Recht / na't Recht

ilegal / legal

klook / dummerhaftig

inteligente / estúpido

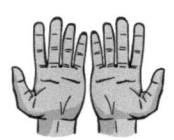

linkerhand / rechterhand

izquierda / derecha

neeg / feern

cerca / lejos

nieg / bruukt

nuevo / usado

nix / wat

nada / algo

oolt / jung

viejo / joven

an / ut

encendido / apagado

apen / slaten

abierto / cerrado

lies / luut

silencioso / ruidoso

riek / arm

rico / pobre

richtig / verkehrt

correcto / incorrecto

ruug / glatt

áspero / suave

trurig / glücklich

triste / contento

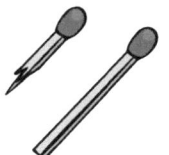

kort / lang

corto / largo

suutje / flink

lento / rápido

natt / dröög

mojado / seco

warm / köhl

caliente / frío

Krieg / Freden

guerra / paz

0

null

cero

1

een

uno

2

twee

dos

3

dree

tres

4

veer

cuatro

5

fief

cinco

6

söss

seis

7

söven

siete

8

acht

ocho

9

negen

nueve

10

teihn

diez

11

ölven

once

12

twölf
doce

13

dörteihn
trece

14

veerteihn
catorce

15

föffteihn
quince

16

sössteihn
dieciséis

17

söventeihn
diecisiete

18

achtteihn
dieciocho

19

negenteihn
diecinueve

20

twintig
veinte

100

hunnert
cien

1.000

dusend
mil

1.000.000

million
el millón

Engelsch

el inglés

Amerikaansch Engelsch

el inglés americano

Chineesch Mandarin

el chino mandarín

Hindi

el hindi

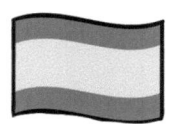

Spaansch

el español

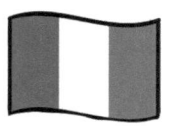

Franzöösch

el francés

Araabsch

el árabe

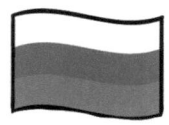

Rusch

el ruso

Portugiesch

el portugués

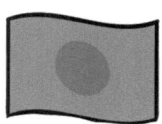

Bengaalsch

el bengalí

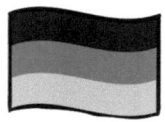

Düütsch

el alemán

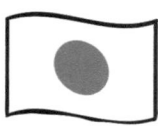

Japaansch

el japonés

ik
yo

du
vos

he / se / dat
él / ella

wi
nosotros

ji
ustedes

se
ellos

keen?
¿quién?

wat?
¿qué?

woans?
¿cómo?

woneem?
¿dónde?

wannehr?
¿cuándo?

Naam
el nombre

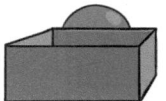

achter

detrás

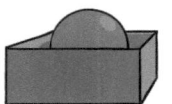

in

en

vör

adelante de

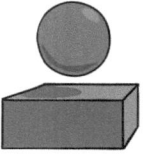

över

por encima de

op

sobre

ünner

debajo de

blangen

al lado de

twüschen

entre

Oort

el lugar